# SURFISTA DA VIDA

CORPO, ALMA, CORAÇÃO E VIDA ALÉM DO OCEANO

# SURFISTA DA VIDA

CORPO, ALMA, CORAÇÃO E VIDA ALÉM DO OCEANO

# LAIRD HAMILTON
e Julian Borra

Tradução
Luciano Burin

São Paulo
2022

**Copyright © 2019 by Laird Hamilton**
Título original: LIFERIDER: Heart, Body, Soul, and Life Beyond the Ocean
All rights reserved.
This translation published by arrangement with Rodale Books, an imprint
of Random House, a division of Penguin Random House LLC.

1ª Edição, Editora Gaia, São Paulo 2022

**Jefferson L. Alves** – diretor editorial
**Richard A. Alves** – diretor geral
**Flávio Samuel** – gerente de produção
**Tatiana Costa** – coordenadora editorial
**Jefferson Campos** – assistente de produção
**Juliana Tomasello** – assistente editorial
**Luciano Burin** – tradução
**Elisa Andrade Buzzo, Monique D'Orazio e Bruna Tinti** – revisão
**Fábio Augusto Ramos** – projeto gráfico
**Valmir S. Santos e Danilo David** – diagramação
**Jennifer Cawley** – foto

Na Editora Gaia, publicamos livros que refletem nossas ideias e valores:
Desenvolvimento humano / Educação e Meio Ambiente / Esporte /
Aventura / Fotografia / Gastronomia / Saúde / Alimentação e Literatura
infantil.

Em respeito ao meio ambiente, as folhas deste livro foram produzidas com
fibras obtidas de árvores de florestas plantadas, com origem certificada.

**Dados Internacionais de Catalogação na Publicação (CIP)**
**(Câmara Brasileira do Livro, SP, Brasil)**

Hamilton, Laird
   Surfista da vida : corpo, alma, coração e vida além do oceano
/ Laird Hamilton, Julian Borra ; tradução Luciano Burin. -- São Paulo :
Editora Gaia, 2022.

   Título original: Liferider : heart, body, soul, and life beyond the ocean
   ISBN 978-65-86223-26-2

1. Conduta de vida 2. Corpo e alma 3. Esportes 4. Estilo de vida 5.
Filosofia da mente 6. Mente e corpo 7. Surfe - Esporte I. Borra, Julian.
II. Título.

22-107679                                                  CDD-128.2

Índices para catálogo sistemático:
1. Corpo e alma : Filosofia da mente 128.2
Maria Alice Ferreira - Bibliotecária - CRB-8/7964

Obra atualizada conforme o
NOVO ACORDO ORTOGRÁFICO DA LÍNGUA PORTUGUESA

**Editora Gaia Ltda.**
Rua Pirapitingui, 111-A — Liberdade
CEP 01508-020 — São Paulo — SP
Tel.: (11) 3277-7999
e-mail: gaia@editoragaia.com.br

globaleditora.com.br    /editoragaia

/editoragaia    @editora_gaia

blog.grupoeditorialglobal.com.br

Direitos reservados.
Colabore com a produção científica e cultural.
Proibida a reprodução total ou parcial desta
obra sem a autorização do editor.

Nº de Catálogo: **4513**

Não tenho crenças
Mas acredito
Que sou uma contradição ambulante
E eu não tenho direito algum
—GREEN DAY, "WALKING CONTRADICTION"


Lancei minha Alma através do Invisível,
Uma carta daquele Além para soletrar:
E pouco a pouco minha Alma voltou a mim,
E respondeu: "Eu Mesmo sou Céu e Inferno"
—O RUBAIYAT, DE OMAR KHAYYAM,
A PARTIR DA TRADUÇÃO DE EDWARD FITZGERALD PARA O INGLÊS

Estamos todos tão ocupados procurando por algo
Procurando por algum momento surpreendente,
Mas você sabe,
Nós estávamos no momento surpreendente
Nós *éramos* o momento surpreendente
E então adquirimos conhecimento;
E lentamente nos afastamos
cada vez mais e mais das coisas.

—Laird Hamilton

# SUMÁRIO

Introdução ................................................... 11

Morte e medo ................................................ 29

Coração ...................................................... 65

Corpo ........................................................ 101

Alma ......................................................... 141

Tudo está conectado ........................................ 171

Epílogo: o mar .............................................. 215

Agradecimentos ............................................. 223

# INTRODUÇÃO

Seria muito fácil desprezar Laird Hamilton.

Muitos já o fizeram. E ainda fazem.

Controverso. Incorrigível. Radical. Visionário. Revolucionário. Desrespeitoso. Desobediente. Imprevisível. Um imbecil.

A enfática declaração de Laird dizendo que iria "pegar todas as ondas e é melhor saírem do meu caminho. Cachorros grandes comem primeiro" o colocou como um potencial, porém bastante desagradável, mestre extraordinário em sua arte.

Atuar no papel de Lance Burkhart no inspirador filme da década de 1980, *Surf no Havaí* (*North Shore,* título original nos EUA), não o ajudou a melhorar sua crescente reputação de *bad boy*.

Mesmo os comentários positivos, por mais reconhecimento que possam lhe conferir, ainda parecem em alguma medida ter a intenção de colocá-lo dentro da caixinha. Muitas pessoas enxergam Laird Hamilton como uma "força da natureza", e seu primeiro livro recebeu exatamente este nome (título original do livro, de 2008, em inglês: *Force of Nature: Mind, Body, Soul, And, of Course, Surfing*). Se na época ele estava sendo sarcástico consigo mesmo ou com alguma outra pessoa, é controverso. (Laird é de uma humildade surpreendente quando fala sobre si.)

No entanto, muitas pessoas que assistem a um vídeo no YouTube, leem uma revista ou ouvem um podcast ficam apenas com aquela ideia de uma cultura levemente folclórica sobre ondas gigantes: um estilo de vida com rotinas de bem-estar, alimentação saudável e de um narcisismo de surfista em que as ondas sempre vêm em primeiro lugar.

Isso é até certo ponto compreensível. A internet está repleta de "lairdinagens" e "lairdismos". Os aforismos de Laird estão por toda parte.

Apesar disso, há muito mais em Laird do que os olhos podem ver. E descartá-lo como alguém irrelevante para nós, sujeitos "terrestres", ou tachá-lo como algum tipo de Peter Pan é perder algo de vista.

De certa forma, Laird é como as ondas que surfa. Aparentemente simples e, no entanto, de uma complexidade intrigante.

*Liferider* é uma pequena jornada nessa direção.

A narrativa apresenta a visão de Laird a partir da crista da vida; observações de onde ele está agora e como podemos gerenciar melhor a turbulência da nossa própria vida – a maior onda que iremos surfar –, ao nos voltarmos para a criatura brilhante que somos, em vez de sempre tentarmos alcançar aquilo a que aspiramos ser.

*Force of Nature* mostrou o estilo de vida de um dos maiores surfistas de ondas grandes do mundo, ao passear pela superfície e pelo brilho de Laird *he'e nalu* – o Deslizador das Ondas. *Liferider*, entretanto, é a quilha que explora a energia que há dentro de sua onda, para poder ir um pouco mais fundo e obter um alcance um pouco mais amplo da brilhante criatura que é Laird Hamilton.

"Criatura brilhante" não é um grande título a ser atribuído apenas a um surfista famoso, é também o termo *Liferider* para aquilo que somos e fazemos de melhor.

Laird acredita que todos somos criaturas brilhantes e que estamos apenas começando a explorar o incrível organismo humano que somos.

Quando retornamos aos elementos mais básicos da nossa espécie, nós, como humanos, podemos recorrer a uma combinação sofisticada e cuidadosamente calibrada de condicionamento físico, inteligência, emoção e intuição, tanto no nível consciente quanto no inconsciente. Nossa consciência humana nos ilumina de tal maneira que nenhuma outra espécie chega perto de se igualar.

Em conversas com crianças em idade escolar, Laird as inspira a olhar mais de perto e com mais atenção para as criaturas brilhantes que elas são.

> Você pode correr, nadar, mergulhar, voar.
> Você é incrível. Você carrega um potencial
> inexplorado que te faria pirar.
>
> —LAIRD HAMILTON

Nisso reside uma das verdades de *Liferider*.

Enquanto o mundo busca cada vez mais a felicidade em memes e livros de autoajuda – milhões de nós, que aspiramos todos os dias a nos tornarmos seres mais iluminados –, Laird está mais empenhado em nos inspirar a voltarmos ao organismo primordial, à brilhante criatura que somos: para destrancar essas portas, acionar alguns desses gatilhos genéticos e extrair mais de nós para nós mesmos.

*Liferider* não é contra a iluminação espiritual. O conceito simplesmente busca nos inspirar a sermos a melhor e a mais brilhante criatura que podemos ser, vista através dos olhos de Laird. Começando pelo corpo físico.

A premissa simples de *Liferider* é esta: comece com o trabalho de base.

Seja o melhor ou o mais apto organismo que puder. Construa a melhor base possível para buscar qualquer iluminação ou elevação que você possa desejar.

E *movimento* é a pedra angular dessa fundação. Você pode chamar de exercício físico. Ou de manter-se em forma. Ou de evolução. Até de sair do sofá e fazer alguma coisa. Chame do que quiser, mas movimento é uma parte crucial desse trabalho de base. Para poder pensar, precisamos nos mover.

Somos criados para o movimento. O movimento nos define enquanto criaturas.

Quando esquecemos de nos mover, perdemos o ímpeto. Esquecemos do nosso eu mais básico. Quando o nosso pensar começa a sobrecarregar o fazer, o resultado nem sempre é bom.

Menos pensar; mais fazer.

É assim que evoluímos e continuamos a crescer.

Isso implica todo tipo de movimento – físico, intelectual, emocional e espiritual.

Como diria o funkeiro galáctico George Clinton e sua seminal trupe de funk rock, Parliament-Funkadelic, "Liberte a sua mente e o seu quadril a seguirá".

Hoje em dia, nossa mente está tão consumida que estamos sempre ocupados. Ocupados, ocupados, ocupados. E todos os dias alimentamos nosso cérebro com um tsunami de estímulos. Somos adolescentes das telas, pulando de um dispositivo para outro, consumindo freneticamente os *bytes* das redes sociais como se estivéssemos num bufê livre do rodízio.

INTRODUÇÃO

A tecnologia criou em nós uma nova camada de consciência digital que aprimora e amplifica quase todos os aspectos das nossas vidas; mas, de certo modo, ela está nos encurralando, tornando-se mais uma barreira entre nós e as criaturas brilhantes que somos.

À medida que nos desenvolvemos como espécie, colocamos barreiras entre nós e o mundo natural onde evoluímos. Abrigos, paredes, janelas, telhados, aquecedores. Cada camada é uma nova "pele" criada pelo ser humano.

Essas inovações e invenções nos tornaram as criaturas mais proeminentes do planeta.

Ao longo dos últimos milênios, nossa mente se exauriu com o uso das tecnologias de linguagem, mecânica, engenharia, impressão; imagens estáticas e em movimento; telecomunicações; e, mais recentemente, com as plataformas digitais, as redes e a inteligência artificial, propagamos os memes da evolução humana e, nesse processo, compartilhamos e espalhamos a mensagem sobre como sermos melhores e mais civilizados.

## O QUE DIZER SOBRE O *MINDFULNESS?*

O progresso tecnológico permitiu que avançássemos enquanto espécie, mas também nos tornou preguiçosos. Usamos a tecnologia para passar de uma vida curta e de incríveis dificuldades para uma que é muito mais longa e que agora nos permite um luxo crescente. Com o luxo vem o prazer e, consequentemente, a inércia.

Usamos a tecnologia para encontrar o caminho de menor resistência, buscando cada vez mais um "mundo sem atrito".

Porém, atrito e resistência são necessidades humanas. Por meio dessas necessidades, evoluímos e prosperamos – e precisamos mantê-las vivas dentro de nós.

Laird está empenhado em criar atrito, em dominar o corpo.

Sua esposa, Gabby Reece, vai mais longe. Ela acredita que Laird não apenas precisa de atrito para existir. Ela diria que ele é atrito. É isso o que ele traz ao mundo ao seu redor.

Cada aspecto de seu curso Extreme Performance Training (XPT), ou Treino de Performance Extrema, está focado no estresse físico, mental e espiritual de cada participante, para levá-los além.

Isso é o que Laird faz.

Ele passou toda a sua vida indo além de si mesmo, além do que é. A começar pela sua forma física.

Laird possui um mapa de lesões que marca o seu tempo de atividade no planeta fazendo o que faz – estressando seu corpo, indo além do que parece ser capaz.

E se existe algo que ele está disposto a compartilhar com qualquer pessoa interessada é que no cerne disso está o movimento.

O movimento – do corpo, da mente, das emoções – molda a forma como vivemos.

O movimento também determina como nos curamos, e esse processo é mais rápido quando nos movemos. Mesmo quando cada fibra nossa está dizendo "Por favor, não, isso dói", a cura por meio do movimento está projetada em nós.

Quando o risco e o perigo existiam ao nosso redor, a inércia não era uma opção. Assim, desenvolvemos a capacidade de nos curar enquanto nos movemos. Houve um tempo em que não se mover significava a morte.

E se somos projetados para alguma coisa, é para sobreviver – é este o imperativo do patrimônio genético. Sobreviva, permaneça vivo pelo maior tempo possível para multiplicá-lo com a maior frequência possível. Todos os nossos mecanismos de nutrição – e muitas das nossas capacidades – originam-se inicialmente do desejo do corpo de permanecer vivo.

Milênios antes de a nossa iluminada era se estabelecer, milhões de anos foram gastos ao se aprimorar o corpo no mundo natural – para sobreviver.

*Liferider* é um convite para você libertar sua mente de si mesma e de toda a viciante Era da Informação, mesmo que seja por apenas algumas horas por semana, e para você se mexer. Seja da forma que for, em qualquer nível e direção, movimente-se.

INTRODUÇÃO

# Inteligência natural

*Liferider* não tem interesse em descartar os avanços da existência humana.

A tecnologia como a conhecemos atualmente é algo incrível. As redes sociais e a hiperconectividade estão transformando a existência humana, criando mudanças de paradigma no desenvolvimento social e cultural.

A tecnologia também está tirando sociedades inteiras da pobreza, fazendo com que homens e mulheres em todo o mundo se tornem capazes de realizar feitos incríveis. Ela está remodelando a democracia, permitindo que esse fenômeno surja em novas formas que desafiam e transformam os regimes tirânicos. Está acelerando o conhecimento e a inovação, implementando ambos na área da saúde, no estudo de doenças por meio de *Big Data* e Inteligência Artificial, no campo da Genômica e em outras ciências.

Além disso, está gerando safras crescentes, novas fontes e inovações surpreendentes na produção de alimentos e no conhecimento nutricional.

A tecnologia é simplesmente incrível.

Mas a Inteligência Artificial e o aprendizado mecanizado estão virando de cabeça para baixo o mundo que conhecemos. Estão substituindo tarefas árduas, antes realizadas por milhões de pessoas, por algoritmos inteligentes que evoluem e "pensam" por conta própria.

Para os programadores, codificadores e designers que os criam, essas tecnologias são fantásticas. Para a pessoa comum que silenciosamente cuida de seus afazeres em algum escritório ou linha de produção, estas mesmas tecnologias são aterrorizantes.

O aspecto evolutivo e a capacidade de aceleração da Inteligência Artificial estão criando uma crise de identidade em muitos de nós.

Estamos perdendo o controle sobre o que é ser humano, ficando ansiosos e cada vez mais amedrontados frente à capacidade das máquinas que criamos.

À medida que a ficção científica se torna fato e os robôs e a Inteligência Artificial buscam nos substituir, nos questionamos sobre o nosso papel no mundo.

Estamos lutando contra nossa identidade humana, com medo de que nosso eu humano nos deixe na mão, com medo de sermos incapazes de acompanhar as máquinas algorítmicas que nos substituem.

Estamos perdendo a fé em nós mesmos enquanto criaturas.

Em meio a essa dúvida, a essa perda de fé, *Liferider* procura agir como um contraponto à cultura atual para nos lembrar, de alguma forma, do que é ser humano. Realmente humano. Do corpo para fora.

Enquanto lutamos para decifrar nosso lugar entre o antigo e o replicante, *Liferider* coloca algumas placas de sinalização para nos ajudar ao longo do caminho. À medida que Laird explora seus próprios sentimentos sobre o que é ser humano – muitas vezes no nível mais primitivo –, ele lança luz sobre aquilo que reside dentro de nós: um caleidoscópio de incríveis aptidões e capacidades geradas ao longo de milênios de evolução, muitas das quais ainda adormecidas: uma inteligência interna que facilita nossa habilidade de fazer coisas extraordinárias.

*Liferider* pretende nos lembrar de que os nossos eus "primitivos" intuitivos estão sempre lá, trabalhando alegremente.

Quer percebamos ou não, ao alternarmos de forma contínua entre nossos eus conscientes e inconscientes – quer estejamos presos em um engarrafamento, em uma sala de reuniões, assistindo a um filme, transando debaixo dos lençóis ou tocando o terror no parque de diversões –, estamos alternando entre os aspectos mais velhos e mais novos do organismo em evolução que somos.

E somos ainda mais brilhantes por conta da nossa capacidade de fazer isso.

Não precisamos necessariamente de algum feito extraordinário para ativar essas faculdades mais profundas e às vezes adormecidas. Elas não exigem que detonemos uma onda, saltemos de uma rocha ou voemos pelo ar para ativá-las. Existem muitas maneiras de acioná-las.

No mundo de Laird, essas capacidades e competências são como camadas de metal precioso esperando para serem extraídas e transformadas em riquezas simples, que podem melhorar a nossa vida cotidiana. E há presentes e recompensas para quem decidir fazer isso.

INTRODUÇÃO

Ao alcançarmos a criatura brilhante que somos, nos tornamos mais resilientes. Reequilibramos nossas mentes conscientes e inconscientes para surfar melhor as turbulências da vida. E nos lembramos de que, além de sermos um supercomputador feito à base de proteínas, segundo alguns cientistas e acadêmicos da moda, somos bem surpreendentes.

Laird acredita que, ao buscarmos uma maior compreensão dessa criatura brilhante, devemos nos lembrar de que estamos profundamente conectados ao mundo natural no qual evoluímos – e com as criaturas com as quais compartilhamos este planeta – de maneiras que vão muito além da compreensão da ciência.

Devemos nos lembrar de que o mistério e a surpresa são dois dos maiores mecanismos evolutivos do arsenal humano – são eles que nos mantêm numa busca para além de nós mesmos.

Devemos nos lembrar do que é sermos verdadeiramente humanos.


## A REDE HUMANA

Você poderia ser perdoado por pensar que o misticismo dos antigos está morto.

Que os velhos modos de espiritualidade, focados na compreensão da relação entre nosso eu físico e metafísico, estão se tornando cada vez mais desnecessários. A razão é o que comanda. O lado esquerdo do cérebro molda tudo.

Dawkins, Hawking, Dennett, os mestres do super-raciocínio e do domínio do lado esquerdo do cérebro, governam as frequências do debate humano.

Se devemos acreditar nas aparências, essa ascendência do lado esquerdo do cérebro deixou a galera que tem maior afinidade pelo lado direito entediada, sentada do lado de fora de algum café, folheando textos agora obsoletos como resultado da explosão da informática, do avanço da ciência e da tecnologia e das ondas gigantes do *Big Data* que os alimentam.

Laird não descarta o desconhecido. Nem afirma o conhecido.

| 18 |

Ele adora ciência. É um nerd que adora a engenharia da vida e busca, a partir de si mesmo e de todos os outros elementos naturais, entender os mecanismos em funcionamento no mundo.

Mas aí está a contradição desse homem, porque embora Laird não pregue um espiritualismo bonitinho, ele acredita em algo maior do que ele mesmo. E sente-se confortável com essa crença.

Laird transita com tranquilidade entre o conhecido e o desconhecido.

Nesse sentido, agrega tanto o lado cristão quanto sua criação havaiana; além do *geek* que estuda a aerodinâmica do *foilboard*.

Há muito para ler nas "entrelinhas" do eu físico e metafísico de Laird.

Você encontrará nele um cristianismo simples em ação. Ele faz referência às parábolas como textos com os quais podemos moldar nossas ações, nossa moralidade e nossa ética.

Ele gosta do fato de as parábolas serem ativas, serem textos "de ação". Não muito diferente da prática havaiana da "ação consciente" – segundo a qual você aprende, por meio de lições simples, a agir com consciência e consideração em todas as situações.

Mas ele não é dogmático; pratica suas crenças de forma muito leve, e seu cristianismo parece ter sido costurado quase sem esforço por dentro e ao redor de outras crenças e entendimentos, os quais ele valoriza e pelos quais se interessa em igual medida.

A única certeza imutável de Laird? A conectividade com tudo. Muito além de smartphones, plataformas integradas, interfaces de programação e redes sociais, a conectividade verdadeira define a sua visão de mundo.

## PUNK CONTESTADOR

A infância de Laird não foi tranquila nem privilegiada.

Ele nunca conheceu seu pai, e sua mãe participava ativamente do movimento de contracultura da época, afastando-se da "sociedade" como ela era e colocando-se com seu filho no epicentro do movimento mais contracultural que existia: o surfe.

INTRODUÇÃO

> Os havaianos têm um sistema chamado *hānai*;
> *hānai* é sinônimo de adotar; você acolhe
> alguém e trata essa pessoa como parte da
> sua família.
> A família da minha esposa o acolheu e
> ensinou-lhe modos básicos de vida e
> sobrevivência, e Laird precisava disso – e
> eles viram algo de especial nele.
>
> –COPPIN COLBURN,
> AMIGO DA FAMÍLIA HAMILTON

Ele chegou à ilha ainda muito novo, um forasteiro branco e louro em meio a uma cultura que ainda se reafirmava no mundo. A cultura havaiana estava em ascensão no final dos anos 1960 e 1970, reivindicando o seu direito à sua própria herança ancestral e a seu senso de pertencimento.

E ficou muito claro para o jovem Laird que os *ha'oles* (forasteiros sem o "ha" – o sopro da vida) não eram bem-vindos. O *bullying* era constante.

> Eu sonhava em regressar como um guerreiro
> havaiano gigante, mas então eu acordava e
> ainda era um garotinho magrelo e louro.
>
> –LAIRD HAMILTON

Ser visto "enfrentando" a força mais poderosa – o mar – e assumindo o papel mais venerado – o do surfista – parecia uma estratégia óbvia para neutralizar o *bullying*.

Mas fazer tudo isso exigia uma impressionante força de vontade – e uma recusa feroz em se submeter à sabedoria e à ordem hierárquica estabelecidas.

Laird tinha em si a figura de um grande contestador. Um lutador à espera de sua libertação. Ao fazer o que fez, ele empreendeu um notável ato de desobediência cultural e declarou sua incontestável credencial de cidadão ilhéu.

> A desobediência é o verdadeiro fundamento
> da liberdade – os obedientes devem ser
> escravos.

> –HENRY DAVID THOREAU,
> *CIVIL DISOBEDIENCE*

Laird cita Thoreau com frequência. É mais do que lançar uma frase fácil de efeito. E é muito mais do que apenas uma maneira de minimizar a façanha gigantesca de autoafirmação que lhe foi exigida para transgredir a vida que teve. Para o bem e para o mal, a desobediência é um leme pelo qual ele navegou ao longo de sua vida. Tem sido um modo de vida. Desde os seus primeiros anos, os problemas estiveram sempre à espreita. E quanto mais os problemas se aproximavam de Laird, mais próximo do mar ele ficava.

> Era um lugar para onde eu podia fugir. Eu
> encontrei a igualdade no mar. O problema
> estava em terra firme.

> –LAIRD HAMILTON

A chegada de seu novo padrasto, Bill Hamilton, trouxe mais problemas.

O novo "homem da casa" era difícil: às vezes, um disciplinador brutal. E ele aplicava punições cada vez mais rígidas ao menino astuto, para conter a sua natureza cada dia mais contestadora.

Mas a criança desobediente apenas usava as marcas das surras como cicatrizes de um valente e rebelde guerreiro lutando contra o sistema.

Porém, ao conversar com Laird, fica claro que sua natureza punk contestadora forjou-se potencialmente por mais do que apenas o *bullying* dos ilhéus e as surras de seu padrasto. Laird era, e ainda é, um produto da cultura em que cresceu, talvez mais do que ele mesmo possa perceber.

Há uma crença de que ser um ilhéu é sempre olhar "além" (não é surpresa que esta seja uma das palavras preferidas de Laird). Marie-Louise Anderson, em seu texto de 2003, sobre os ilhéus e o que molda suas identidades, apontou:

> Os limites das ilhas convidam à transgressão;
> inspiram a inquietação; pedem para ser
> rompidos; impelem os ilhéus a "explorar e
> até mesmo fugir para o desconhecido".
>
> —MARIE-LOUISE ANDERSON,
> "NORFOLK ISLAND"

A necessidade incessante de Laird de olhar além, de transgredir o que está posto, é o combustível aditivado para sua implacável inovação. Ele tem uma necessidade patológica de continuar revirando as pedras e de ir mais fundo. E sua curiosidade infantil parece só aumentar com a idade.

> Ele sempre fazia coisas um pouco
> "anormais". Ele tinha adesivos de velcro
> em sua prancha e botas com velcro, e nós
> perguntávamos: "Que diabos é isso?", e
> então ele pegou a onda e colocou o pé no
> velcro e decolou - simplesmente saiu voando
> no ar, e nós ficamos, tipo, "Esse cara é
> louco". Ele sempre foi um inovador. Ele tem
> algo que vai um pouco além.
>
> —TERRY CHUNG,
> AMIGO DE LAIRD E PARCEIRO DE *FOILBOARD*

Com Laird, nada é definitivo. E o fracasso gera o sucesso.

Sua incapacidade de "pegar uma onda até a base, muito menos percorrê-la" – que era uma falha aos olhos de algumas pessoas –, simplesmente levantou a seguinte questão: "Então, como *eu* posso fazer isso?" A resposta a esta questão específica foi a inovação do *foilboard*.

## 'OHANA

Você vai encontrar essa palavra com frequência neste livro, nos pensamentos, nas opiniões e explorações de Laird e Gabby.

*'Ohana* é a palavra havaiana para família, a unidade que está no centro de todos os sistemas de crenças e estruturas sociais havaianas.

Na cultura havaiana, todas as pessoas são consideradas irmãos e irmãs, e todas estão interligadas por esse senso coletivo de identidade, não importa o quanto a associação ou relação possam ser distantes.

*'Ohana* descreve uma unidade familiar que se estende para muito além de parentes de sangue: para pessoas sem relação entre si e imortais, como um deus da família, ou *'aumakua*.

A *'ohana* inspira uma cultura compartilhada de responsabilidade e ação – e um nível de colaboração social muito particular aos povos da Polinésia.

Ela é a fonte de seu espírito pioneiro e foi fundamental para as explorações que essas populações fizeram pelo Pacífico:

> A *'ohana* (família) de outrora possibilitou que os viajantes polinésios se aventurassem em terras desconhecidas. Essa *'ohana* navegante foi capaz de viajar milhares de quilômetros em canoas de casco duplo, por causa de seu contato com a natureza e com os deuses. A *'ohana* se sentia segura porque não havia barreiras entre os mundos espiritual e cultural. O havaiano nunca estava separado de seus criadores e ancestrais, porque os deuses e semideuses se mostravam em todos os lugares: no céu, na terra e no mar.
>
> —Cecilia Kapua Lindo,
> "The Spirit of 'Ohana and the Polynesian Voyagers"

É um sistema muito vivo na natureza das relações que Laird e Gabby estabelecem com o mundo.

*Liferider* pretende apontar para o espírito *'ohana* como uma parte dinâmica e inextricável da rede colaborativa e de interesses compartilhados que Laird e Gabby criaram em torno de si, além de descrever como ela é central para o "contrato de cuidado" que eles estabelecem em iniciativas como as do XPT.

INTRODUÇÃO

Este livro pretende mostrar como a *'ohana* explica a inovação implacável de Laird – e o espírito das equipes que ele constrói em torno dessa inovação – e como ela contribui para o seu senso de conectividade com a natureza e os sentimentos de responsabilidade em relação a ela.

> A cooperação vem, em grande parte, de uma noção de respeito pela própria família (*'ohana*) estendida de cada um. E os havaianos acreditam que também têm uma conexão genealógica, bem como uma conexão espiritual, com a Mãe Natureza e tudo o que ela oferece.
>
> —PHENG, MENG, KAUR, LEE E JEFFREY,
> *THE LIONHEARTS OF THE PACIFIC*

Se há um elo mágico nessas conversas com Laird e Gabby que vale a pena explorar mais profundamente é o da *'ohana* – e o profundo senso de conectividade que ele gera, tanto entre eles quanto com o mundo exterior.

## O PODER DOS SONHOS

> Certifique-se de que seus sonhos sejam maiores do que suas memórias.
>
> —LAIRD HAMILTON

Esse "lairdismo" é enganosamente simples. Por entre as letras e palavras está tudo o que você precisa saber sobre Laird em um curto espaço de tempo.

Se você se dispuser a olhar para além do óbvio, há muita coisa à sua espera.

*Liferider* procura explorar a lacuna entre os lairdismos e os vídeos do YouTube – para "ler nas entrelinhas" de Laird.

E a partir dos detalhes e das nuances do que descobrimos quando nos aprofundamos um pouco, *Liferider* procura traçar um caminho para qualquer um que esteja interessado em surfar a onda da vida.


## Os cinco pilares

Para saber do que trata este livro, é também útil saber do que ele não trata.

*Liferider* não é um exercício ou programa de aptidão pessoal nem um guia prático para o curso XPT de Laird, muito menos um livro de referência sobre sua dieta e seus regimes.

*Liferider* não é um extenso artigo de revista de comportamento sobre a vida de Laird no surfe e no mar nem uma dissertação sobre o *foilboarding*.

*Liferider* não é um livro sobre a cultura do surfe.

Sua intenção é fazer um recorte muito mais profundo sobre a essência de Laird e de como ele dominou e administrou seu espírito guerreiro e desafiador para criar, ao invés de destruir, uma vida para si e para a sua família.

*Liferider* é para todos – desde executivos em busca de inspiração e na tentativa de compreender as complexidades de ser humano e como alguém pode usá-las para fazer coisas extraordinárias, até alguém que vive uma vida comum, longe do mar, buscando de alguma maneira se reequilibrar e se reestruturar.

Mas se você precisa de um ponto central, o segredo está na idade de Laird. Ele nasceu em março de 1964, apesar de não aparentar, e usufrui do desprendimento de poder desfrutar o dobro do tempo no melhor de sua capacidade. Neste livro, você encontrará algumas pistas de como alguém por volta dos 50 (idade aproximada de Laird quando saiu a 1ª edição desta obra) pode tentar fazer o mesmo.

*Liferider* tem cinco pilares – Morte e medo, Coração, Corpo, Alma e Tudo está conectado – e os utiliza para conduzir o leitor em uma jornada que vai desde a ciência à psique de Laird, através do mar.

Este livro também possui algumas propostas de ação em seu fluxo. Sugestões que permitem a qualquer um de nós começar a nossa própria jornada para nutrir diariamente nossa criatura brilhante. Ações que todos podemos realizar, mesmo quando estamos no escritório ou em nosso trajeto diário para o trabalho.

*Liferider* explora como os temas de Laird se agregam, como sua visão de mundo e práticas de vida se combinam para ajudá-lo a surfar a onda da vida, alcançar o que conquistou e ainda sonhar os seus sonhos.

Porque os sonhos são universais. E precisamos nutrir o maior número possível deles, hoje talvez mais do que nunca.

## EMPREENDENDO COM OS PÉS DESCALÇOS

Neste livro, você também encontrará trechos reflexivos sobre como cada um dos pilares atua na vida empresarial de Laird.

Atualmente, há muito material nas revistas de comportamento sobre como os empreendedores recorrem cada vez mais aos esportes radicais e às atividades de alto risco na busca por clareza e equilíbrio em suas vidas. Parece haver algum valor em fazer a análise reversa, em mostrar como um atleta radical como Laird navega em terra firme pelas pressões e desafios de seus negócios empresariais.

E em um mundo onde a nossa compreensão sobre as conexões entre os comportamentos e ações das empresas – e o impacto disso em nosso bem-estar e no meio ambiente – fica cada dia mais forte, Laird parece ser um cara interessante para se entrevistar.

As seções "Empreendendo com os pés descalços" exploram como Laird e Gabby se associam para criar, moldar e administrar os seus negócios, além de mostrarem como a filosofia de vida do casal está no cerne desses empreendimentos.

# A HONESTIDADE É TUDO

O conteúdo deste livro foi desenvolvido ao longo de uma sequência de conversas com Laird, tanto em Malibu, onde ele vive e abriga a XPT, como posteriormente em Kauai, seu lar espiritual.

Nessas conversas, exploramos cada um dos pilares através da visão de Laird.

O tom do livro, assim como todo o seu conteúdo, é o que é verdadeiro para Laird.

Laird aplica uma regra universal em sua vida.

*Honestidade crua.*

Sempre.

É uma regra que ele aplica com veemência. Às vezes de forma feroz demais para alguns. Mas esta é a sua regra, e este livro se esforça para honrá-la.

Nesse espírito, e apesar do trabalho de organização e edição, o que se segue são as palavras cruas de Laird, ocasionalmente apoiadas por fatos e informações destinadas a esclarecer o significado, a ciência, a cultura ou a antropologia por trás de suas ideias.

# MORTE E MEDO

Quando a coisa aperta,
Você simplesmente se volta para a morte.
Isso é honestidade.
É isso.
Você é um corpo.
Você está competindo contra a morte.

—Laird Hamilton

A morte nos colore, modela, ilumina, devora, eleva e inspira.

Sua turbulência; seu caráter aleatório; o véu impenetrável que a cerca; e sua ocorrência inevitável – tudo isso molda nossa natureza material e espiritual. Quem nós somos. O que somos. O motivo de sermos.

Porém, em muitas culturas ocidentais avançadas, estamos perdendo nossa conexão com a morte. Nós estamos afastando-a como um efeito colateral indesejado de sermos humanos. Uma falha no corpo. Mas ao perdermos nossa conexão com a morte, perdemos algo vital em nossa existência.

Aqui, Laird explora sua relação com a morte e com o medo – e como a presença da morte ao longo de sua vida o comoveu, como marcou e moldou o temperamento dele e como influenciou sua forma de escolher viver cada momento. Ele explora como o medo pode ser uma força do bem em nossas vidas, um combustível para o nosso fogo – mas apenas se antes disso buscarmos entendê-lo e, em seguida, aprendermos como administrá-lo.

## LAIRD ୨୨୨

Você sabe, o oceano veio e levou da praia pessoas que nunca mais foram vistas. Não eram pessoas com as quais eu tinha uma ligação pessoal, mas eu presenciei gente se afogando e sendo resgatada bem na frente da minha casa – corpos sendo recolhidos até a praia.

A morte era parte da vida cotidiana. Ela lança uma sombra, deixa sua marca.

Eu tinha um amigo – um cara que se mudou para a casa ao lado da nossa – com quem eu costumava surfar bastante. Numa manhã, fui buscá-lo e ele estava deitado no chão de sua casa, morto. Ele não apareceu na porta como de costume, então eu entrei para procurá-lo e o encontrei ali, deitado.

Fui exposto a uma grande quantidade de mortes desde jovem. Situações em que encontrava pessoas mortas, seja por afogamento ou por causas naturais. Essas situações eram provavelmente mais do que um menino normal deveria experimentar.

A maior parte das mortes a que fui exposto estão relacionadas ao oceano. Pessoas sendo sugadas e que nunca mais foram vistas; ou que apareceram flutuando cinco dias depois. Você adquire um instinto para isso.

Lembro-me de uma vez estar na praia e sentir que algo não estava certo. Não estava bom. Você acaba conhecendo o mar, passa a sentir as coisas. Então lá estava eu, bem jovem, alertando um cara para que ele não entrasse na água – e o cara me dizendo para "dar o fora". Ele então entrou no mar e se afogou – e depois seu filho se afogou também.

Acho que essa situação me afetou profundamente, me modificou e me deixou muito mais agressivo. Quando eu sabia que alguém não deveria entrar na água, que não tinha a experiência ou o conhecimento para estar lá, eu ia até lá e dizia.

Eu devia ter 10 anos de idade, entrava no mar e nadava o dia inteiro, e depois via adultos entrarem e se afogarem. Então chegou um momento em que eu realmente comecei a chegar na cara das pessoas e a dizer a elas quando não deveriam entrar no mar. A mim não importava que eu fosse apenas uma criança.

Mas ninguém gosta de receber ordens sobre o que fazer, certo? Principalmente vindas de um garoto rebelde. Eles ficavam, tipo: "Você não vai me dizer o que fazer".

Mas é o mar. Você tem que aceitar. Você tem que encarar o mar com respeito no seu coração.

> Laird não era realmente desobediente – ele ainda estava treinando a sua inteligência; ele estava colocando outras pessoas à prova; embora pensassem que o estavam testando, era ele quem estava testando os outros.
>
> –Coppin Colburn,
> amigo da família Hamilton

Surfar era perigoso mesmo quando eu era pequeno. Eu morava em Pipeline e via, sendo retirados do mar, caras com crânios rachados, rostos esmagados – caras que eram durões. Os surfistas se machucavam muito naquela praia porque é uma área muito perigosa, e então eu me mudei para outra ilha, onde algumas das praias em que eu brincava eram igualmente perigosas. Uma das minhas favoritas, Lumahai, era a segunda praia mais letal do estado do Havaí. O mar levava três ou quatro pessoas todos os anos – às vezes mais. Então, eu morava e brincava em lugares onde as pessoas se machucavam muito. E morriam. Bastante.

Muita gente se machuca surfando. Em alguns casos, são apenas machucados leves, com feridas que precisam levar alguns pontos. Mas, às vezes, por conta da natureza desse esporte, você vê cabeças esmagadas, pescoços quebrados – coisas mais graves. E a habilidade das pessoas era essencial para sobreviver naquele mar. O equipamento que elas usavam não era muito confiável.

Mesmo assim, de alguma maneira, o oceano perdoa. Levando em conta o que fazem, muito mais pessoas deveriam se machucar em relação ao que normalmente acontece. É notável que Pipeline poderia tirar muito mais vidas.

Portanto, no mundo em que cresci, a morte e a nossa relação com o oceano são uma coisa só.

Acho que existe uma linha transversal entre todas as pessoas conectadas ao oceano. Sempre há um ou dois malucos soltos por aí; mas a maioria das pessoas apegadas ao mar tem por ele um certo respeito e uma consciência bastante clara por conta de todo o ambiente em si.

O ambiente é tão poderoso que você vai ter a morte presente em algum lugar da sua mente. E você vai acreditar em algo maior. Não acho que existam muitos ateus no *lineup*; isso por conta da natureza mágica, da beleza e da complexidade do que é o oceano.

Um amigo meu chama o oceano de "a sopa da vida". É um organismo muito complexo e muito vivo. E não discrimina. Ele simplesmente vai te esmagar.

E é naquele momento – em meio àquela turbulência, naquela máquina de lavar com água espumante, que você perde a noção do que sabe –, é ali que a ciência encontra o espiritual. Se você está debaixo d'água, não consegue respirar. Não importa quem você seja e o que é capaz de fazer: cedo ou tarde seremos todos praticamente iguais debaixo d'água. Todos temos o medo inato de nos afogar. Todos temos a noção de que não há oxigênio abaixo da linha d'água; que grandes criaturas vivem lá e que coisas pesadas acontecem.

> Ninguém conhece aquele oceano melhor do que o Laird; desde criança ele pertencia àquele mar. O oceano se comunica com ele. Algo naquela água o atraía para o oceano e ele sabia que, se pudesse, dormiria lá. Ele o respeitava e sabia disso – e ele sabe que o oceano pode lhe tirar a vida a qualquer momento.
>
> —Coppin Colburn

Minha descrição de pegar uma onda é simples: não há começo nem fim – é apenas uma continuação. Onde você começou e onde parou são apenas fases ou momentos de uma mesma linha – uma mesma continuidade. E assim é também a vida.

A morte sempre esteve à minha volta, eu suponho. E nem sempre o tipo de morte oferecida pelo mar. Não conhecer meu verdadeiro pai – isso é uma espécie de morte. É uma morte física? Não, mas há uma tristeza aí, com certeza.

Se eu olhar para trás e pensar na ausência do meu pai, acho que é isso o que a morte representa – as pessoas se foram, estão ausentes. Para mim, acho que a exposição inicial ao conceito de alguém estar morto foi, afinal, o fato de eu não ter um pai. Meu pai tinha partido, se estivesse vivo ou não – eu nem sequer saberia. Ele não estava presente, nunca, nem em um telefonema ou numa carta – não havia nada.

Percebo agora que eu estava vivendo o luto dessa ausência e dessa perda. Já iniciei a vida com esse conceito de alguém ter ido embora.

Essa era uma versão da morte que eu experimentava desde muito jovem. Acho que dava para considerar, certamente, um elemento fundante na minha perspectiva sobre a morte.

A morte vem em muitas formas, e algumas delas realmente nos afetam. Ela nos molda e abre nossos olhos. E a gente percebe como isso torna precioso cada segundo de vida.

Os polinésios não ficam apavorados nem se sentem dominados pelo fenômeno da morte. Um talento inato, somado a uma sensibilidade treinada e à educação os capacita a lidar com esse fenômeno de forma tão natural quanto lidam com os ventos e com as ondas.

–John P. Charlot,
*Polynesian Religions*

Meu amigo, com quem eu costumava surfar quando criança, foi diagnosticado com câncer terminal. Disseram que ele tinha seis meses de vida, então ele simplesmente se mudou para onde morávamos e passou a surfar todos os dias. Ele acabou vivendo mais oito anos. Passamos muito tempo juntos.

E ele tinha a presença da morte ao seu redor. Ele convivia com a morte. "Não tenho tempo, não tenho tempo."

Acho que isso definitivamente me influenciou – na maneira como eu queria viver minha vida, me certificar de estar sempre vivendo no presente. "Como viveríamos se soubéssemos que iríamos morrer amanhã?" Atualmente, não pensamos nisso o bastante. Seria bom cultivar esse sentimento com mais frequência e realmente pensar em como você viveria se soubesse que amanhã seria seu último dia.

Eu tinha um amigo, o Bunker. Ele era meu parceiro. Teve uma overdose e morreu. Convivi muito com ele quando ele era criança. Vi a transformação dele de uma pessoa feliz para uma pessoa infeliz. Eu não pude ajudá-lo. Eu era muito jovem e ele era muito louco, mas eu sentia como se alguém o tivesse matado. Eu sinto que ele foi morto por pessoas que estavam tentando tirar vantagem da sua riqueza. Isso me afetou muito.

Uma coisa é quando a pessoa vive para o oceano, está nele, dentro dele, e daí vai e se afoga. Mas quando você tem uma doença fatal, um câncer terminal ou algo assim, e você está ali na corda bamba, esperando a coisa acontecer, é uma situação diferente. Quando você vive sob a verdade de dizer "Eu estou com uma doença e vou morrer; vou morrer amanhã, ou em um mês" – quando você tem esse tipo de coisa pairando à sua volta, isso definitivamente influencia o seu comportamento, ao contrário de quando você é jovem e pensa que é invencível!

Sejamos claros aqui. A morte faz parte da vida. É o ciclo. Onde eu cresci, em alguns aspectos, isso era bastante comum.

A morte é apenas parte do negócio.

Não me surpreende que, quando você olha para pessoas de alto desempenho, em qualquer área, elas possuem um sinal ou uma evidência de algum acontecimento de alto impacto, algum trauma emocional; algo que estressou o seu organismo. Abandono. Pobreza. Abuso. Humilhação. Luto. Perda.

Suponho que nesse sentido a morte tenha sido, muitas vezes, um fator de estresse implacável para mim. E, de alguma forma estranha, talvez tenha me desenvolvido em alguns aspectos específicos.

A morte da minha mãe me afetou bastante. Estou apenas começando a perceber o quanto.

Por outro lado, uma coisa a respeito da preparação da minha mãe para a morte é que não foi um fardo para mim. Eu não senti nenhum ressentimento que costuma surgir quando alguém que você gosta morre e te deixa um monte de coisas para resolver. Não foi esse o caso; muito pelo contrário. A gente aprende com isso.

Eu estava "de bem" com a minha mãe, então tive sorte. Ela e eu tínhamos acabado de reconciliar nossas diferenças, então foi tudo de boa. Acho que me ajudou a passar pelo luto, pois estávamos bem um com o outro. Não houve arrependimento. Nada se perdeu para nós. O arrependimento é cruel. É algo que te arrebenta.

> Eu encontrei igualdade no mar.
> Era um lugar para onde eu poderia fugir.
> Havia algo lá de que eu necessitava.
> O problema estava em terra firme.
>
> —Laird Hamilton

É claro que nessa minha necessidade pelo oceano eu devia estar fugindo das coisas. Mas eu também estava correndo atrás delas.

Não podemos nos esquecer de que o mar era realmente empolgante. Muito emocionante. Você voltaria se sentindo revigorado, se sentindo muito vivo.

O mar é completo: ele literalmente te consome. Você entra lá e fica imerso – física, emocional, espiritualmente –, separado de qualquer coisa em que esteja pensando ou em que não queira pensar.

Minha necessidade de me conectar com o oceano está sempre presente. Para mim, é natural gravitar em torno do poder que ele tem, porque, a meu ver, é a maneira mais honesta e produtiva de viver.

A vida está aqui. A morte está aqui. Ambas tão próximas uma da outra como os polos negativo e positivo de uma bateria – interligados.

É por isso que você vê pessoas fazendo coisas que parecem tão perigosas: é assim que elas se sentem mais vivas. Colocando-se nesse espaço entre a vida e a morte. É claro que vamos tocar nesse ponto. Faz todo sentido para mim. Se as coisas não oferecem perigo e não há risco, qual é a sensação de estar vivo? Muito chata. Você precisa de algo para contrapor. O prazer não oferece o seu real poder sem a existência da dor. A natureza do prazer está diretamente relacionada à experiência da dor – esse desconforto dos sentidos. Estão inter-relacionados. Precisam um do outro para existir. Precisamos do medo para viver verdadeiramente; para saber o que é a calma, o que é a serenidade.

Mas sejamos claros: sentir medo e se assustar são duas coisas bem diferentes. O medo tem a ver com respeito. O medo leva à ação elaborada. A forma como administramos e controlamos o medo é uma parte elementar da sobrevivência. O medo nos lembra de que precisamos continuamente avaliar o risco. Isso é honestidade. Isso é ter respeito pelas coisas que são maiores e mais fortes que você.

```
Ele está sempre esperando. Eu posso
sentir. Tem dias que eu fico com pena.
Eu costumava sonhar que poderia produzir
grandes ondas para o Laird - eu tinha
sonhos que diziam: "Ok. Vai ser assim",
como um poder. "Elas virão amanhã e terão
vinte pés de altura." Eu costumava desejar
isso para ele, pois às vezes demora muito
tempo.
```

E ele tem um medo: o medo de um planeta sem ondas. Para ele, talvez seja a única hora em que pode testar todas as suas habilidades, mas também consumir-se completamente nisso.

—Gabby Reece

O medo tem a ver com estar ligado. O medo tem a ver com a consciência. De onde vem essa capacidade de se "ligar" e poder gerenciar isso? Pode vir de muitos lugares. Para mim, houve um ponto de virada no meu relacionamento com o medo: a primeira vez que me lembro de ter ligado o sinal de alerta.

Quando eu era criança, no Havaí, havia sempre algo no ar. A ameaça estava presente. Na frente da minha casa, ao redor dela, na escola. Não havia um valentão em particular, mas sempre havia brigas. Assim são os garotos. Mas ia além. Havia algo, uma ameaça generalizada. Eu tinha consciência e precisava ter. Eu me sentava no fundo da sala de aula, ou na parte de trás de um restaurante, sempre ligado, superalerta. "Quem é aquele ali? Quem são eles?" Desde muito jovem eu precisava estar "ligado".

Ele era apenas uma criança. Acho que tinha 12 ou 10 anos de idade, um garoto *ha'ole branquelo*. Não éramos malvados ou coisa parecida, nós apenas dizíamos: "Saiba qual é o seu lugar".
Nós o jogamos de cima da ponte e ele caiu na água e nadou para o lado – e então ele juntou um monte de pedras e nós todos fugimos porque ele começou a atirá-las na gente. E depois ele deixou isso para lá. Esse é o Laird.

—Terry Chung

Quando chegamos à ilha, eu tinha 5 ou 6 anos de idade. Minha mãe e eu fomos convidados para um luau – uma grande festa familiar com assado de porco *kalua*. Tinha uns garotos e eles eram maiores e mais velhos do que eu. E eles disseram: "Ei, venha brincar com a gente". Eles me levaram ao topo de uma montanha e depois simplesmente fugiram. Eu não sabia onde diabos eu estava. A noite estava caindo e eu estava totalmente perdido. Lembro que fiquei com muito medo. Eu nunca tinha sentido tanto medo assim. Comecei a descer a colina e podia ouvi-los rindo. Eu não conseguia vê-los, mas podia ouvi-los.

Por fim, cheguei à base e vi uma estrada entre a colina e o oceano. Eu voltei para a estrada e os meninos estavam todos alinhados na rua.

O luau estava atrás deles. E eles estavam ali. E eu estava com medo.

Então eu apenas abaixei a cabeça e corri direto na direção deles. E eles simplesmente abriram caminho. Esse foi um ponto de virada. Essa era a maneira deles de dizerem: "Bem-vindo à cidade. Bem-vindo ao vale. Bem-vindo ao nosso mundo."

Então, a partir daquele momento, eu vi como as coisas eram. A partir daquilo, eu fiquei "ligado". A partir daquele momento eu passei a processar o medo e a puxar briga com ele.

Comecei a gravitar em torno de meninos mais velhos. Eu fazia coisas malucas que ninguém fazia. Eu queria ser amigo desses caras mais velhos, então eles me obrigavam a fazer todo tipo de coisas radicais. "Se você quer ser nosso amigo e sair com a gente, você terá que dar este salto com esta bicicleta."

> Ainda muito jovem, Laird fez algo que a maioria de nós leva uma vida inteira para fazer: descobrir quem ele é. E uma vez que você identifica quem você é, você simplesmente segue em frente com esse conhecimento.

> Ele já sabia quem era quando ainda era um
> garotinho. Ele se aperfeiçoou, pois tem se
> empenhado nisso a vida toda.
>
> —Coppin Colburn

Para avaliar o medo de maneira adequada, você precisa saber para o que está olhando. E, como humanos, temos algumas coisas que podem obscurecer esse julgamento.

Eu digo às minhas meninas: a sua imaginação é sempre maior do que a realidade – você imagina que as coisas são muito piores do que elas são.

Nossa imaginação nos confunde. Ela e suas habilidades em criar narrativas – algo que nos diferencia de todos os outros animais. Nossa imaginação, que pode criar histórias em que todos podemos acreditar, é a mesma imaginação que nos dá a capacidade de tornar as coisas muito maiores e mais loucas do que realmente são. Quanto mais você fica no topo do penhasco, mais difícil é pular, porque a sua imaginação começa a trabalhar.

> Todos os medos irracionais que eu
> alimentara nas viagens anteriores haviam
> se concretizado, e agora que o pior havia
> se sucedido, eu me sentia sem medo e
> completamente calmo.
>
> —Peter Wadhams,
> *A Farewell to Ice*

Há momentos, porém, em que você não precisa de muita imaginação para tornar algo assustador. A verdade nua e crua já é assustadora o suficiente.

O momento mais assustador da minha vida foi quando me perdi no mar, entre as ilhas. Eu estava remando na minha prancha em meio a uma forte neblina. Perdi o horizonte, fiquei desorientado. Eu estava a cerca de 100 quilômetros ao norte da Big Island.

No fim das contas, um helicóptero da guarda costeira me resgatou, mas isso foi depois de 24 horas, durante as quais pude pensar muito. A gente acaba sentindo e pensando muito numa situação dessas. Sobre como eu iria morrer. Sobre como eu vivi. Sobre as pessoas que amo. Sobre o que eu faria se fosse resgatado. Como eu ia mudar. O que eu ia mudar.

Isso me impediu de continuar a me desafiar? De correr riscos? De abraçar o medo? Não. Mas, com certeza, aparou algumas arestas.

A maior parte da sociedade costuma viver indiretamente por meio daqueles que correm riscos, sejam eles os caçadores, os guerreiros ou algum cara em uma prancha ou um *wingsuit*. A maioria das pessoas não quer dançar com os lobos, não quer estar no limite, mas consegue entender que deve ampliar a sensação e os prazeres de viver. Sabemos disso intuitivamente e é por isso que sentimos atração em assistir. É entretenimento.

Não estamos realmente sob nenhuma ameaça durante a maior parte de nossas vidas. Quando nos sentamos em alguma máquina de realidade virtual ou entramos em uma plataforma de jogos, por mais louca que seja a viagem, estamos obtendo apenas metade da experiência. Mesmo quando forçamos o corpo e a mente em um treinamento na piscina, não há risco envolvido. Mesmo se você encontrar maneiras de se colocar em situações de "risco" – gerar estresse para si –, não estará se colocando em nenhuma posição de risco real, em um local onde exista uma verdadeira ameaça, então você não vai obter as recompensas.

O risco é algo que eu sinto. É sensorial. É medo. Amplifica tudo. Uma grande parte da experiência é a sensação que ela te causa. Eu posso sentir a intensidade.

Há uma sensação que vem de estar "ligado". Quando termino, percebo que isso é parte do que eu estava procurando. Eu fui até lá para ter essa sensação. Então acho que, às vezes, a questão é menos a onda e mais esse sentimento.

Os pelos do meu pescoço se arrepiam; o olfato, o tato, a audição, tudo se intensifica – uma hiperconsciência. Isso é o que cria a sensação de tudo ficar mais lento. Estou em um estado de consciência elevada, então estou trazendo a informação em um nível superelevado. É uma combinação de aumento da frequência cardíaca induzido pela adrenalina, aceleração respiratória e aprimoramento visual. Eu reconheço a situação; eu sei o que está acontecendo. Especialmente quando uma onda me atinge e eu estou sendo arrastado para o fundo. Não há horizonte. É também uma grande parte do jogo, pois isso cria uma imersão mais profunda no momento presente.

É uma posição maluca em que se colocar? Pode ser. Mas é o que fazemos. E, para alguns de nós, esse sentimento é justamente a razão pela qual agimos assim. Talvez estejamos apenas redirecionando algumas coisas. Ou talvez estejamos apenas curtindo ficar "ligados".

Podemos contar com o nosso corpo para nos transmitir esse sentimento. Situações arriscadas e perigosas vão nos deixar ligados sem que tenhamos que pedir. É o organismo funcionando, inconscientemente ou não. De repente, estamos no limite de nós mesmos.

Fique na beira de um penhasco com uma vela de *kite* ou em um *wingsuit* e você se colocará em um estado elevado e altamente vulnerável. Você vai precisar de todas as suas aptidões. E quando o mecanismo de lutar ou fugir entrar em ação, será o seu corpo fazendo o que está programado para fazer. É um sistema construído ao longo de milhões de anos. Você precisa confiar nele e ouvi-lo. E continuar ouvindo.

Se você fizer o que eu faço, o perigo vem da complacência de fazer repetidas vezes coisas que induzem o medo. O seu organismo se acostuma. A complacência a partir do sucesso é perigosa. No minuto em que você pensa: "Oh, eu já estive aqui antes e sei como isso funciona", a coisa torna-se perigosa. Apegue-se ao sentimento original de medo. Não tente descartá-lo.

O corpo é projetado com esse sistema de lutar ou fugir. É um sistema altamente eficiente e eficaz, comprovado ao longo de milhões de anos. Ele sabe o que fazer no momento e o que fazer com seus subprodutos. Toda aquela adrenalina. Todo aquele $CO_2$. Todos os subprodutos daquele momento.

Agora, tudo bem sentir isso em uma onda, ou voando a 3 mil pés de altitude. Porque seu organismo está passando por todo o processo: o ciclo de acelerar e, em seguida, desacelerar. Você completa o ciclo.

Apesar disso, muito estresse pode ser tóxico na vida cotidiana. Se estiver ligado em si mesmo, o sistema projetado para nos manter vivos pode tornar-se uma fonte do tipo errado de estresse.

Ao apenas andar pela rua ou participar de uma reunião, algo dispara o mecanismo de defesa do organismo – algum tipo de ameaça – e o corpo entra em aceleração excessiva. De repente, uma série de reações poderosas ocorre dentro de você. Seu mecanismo de lutar ou fugir entra em alerta total e a adrenalina começa a bombar, a frequência cardíaca aumenta, seus músculos ficam tensos e você começa a inspirar mais oxigênio. Tudo isso precisa ser extravasado de alguma forma – e fazer aquilo que foi projetado para fazer.

Se não tiver válvula de escape, o sistema fica sobrecarregado e isso não é bom.

Na vida cotidiana, não somos muito bons em nos livrar de momentos de alto estresse e de todos os efeitos colaterais e subprodutos por eles ocasionados. Muitas pessoas estão se autoinduzindo à sobrecarga por conta de estresse não administrado; tornou-se uma indulgência – algo que permitimos acontecer. Não é como estar realmente em luta ou fuga, utilizando essas onda de energia e consciência aceleradas em você. Na maioria das vezes, se você fica o tempo todo com os sentidos aguçados pelo estresse e sustenta esse estado, o corpo experimenta um grau de toxicidade apenas por tentar absorver e processar tudo isso.

Se um carro ultrapassa o sinal vermelho e quase te atinge, você reage. Esse é o seu organismo, o sistema de lutar ou fugir entrando em ação; mas você não pode simplesmente continuar entregue a esse estado, xingando e revivendo a ocorrência o dia todo. Você tem que deixar para lá. Ao se agarrar ao momento, você se mantém nesse estado, e o sistema continua produzindo as reações químicas para lidar com a situação. E isso é ineficiente e tóxico. Nosso organismo não foi projetado para viver assim.

Não ajuda o fato de a maioria de nós não viver bem. Isso só piora as coisas. Não estamos dormindo bem; não nos alimentamos direito. Muito tempo em frente às telas. Vidas sociais disfuncionais.

Todos nós já passamos por isso. Houve um tempo em que eu não cuidava bem de mim. Eu não era tão prudente com minha forma física em geral.

O problema é que é ainda mais difícil para o sistema processar esses momentos de lutar ou fugir quando está com baixo desempenho. Um organismo saudável pode processar uma grande quantidade desse tipo de estresse, mas a maioria de nós está longe de ter saúde plena.

E tendemos para a solução óbvia. É algo humano. Gosto de pensar que, por sermos feitos principalmente de água, assim como a água procuramos o caminho de menor resistência. A opção mais fácil. O óbvio.

Beber. Aí está uma resposta para toda essa adrenalina restante. Especialmente quando você está aflito. Eu já estive desse lado errado.

E estamos todos tão envolvidos com nossas próprias coisas que não conseguimos enxergar. A descoberta nem sempre é instantânea. Às vezes ela se revela. Gabby e eu estávamos em conflito, tendo dificuldades em nosso relacionamento. E demorou um pouco para eu perceber que existia um padrão.

Depois de um longo dia na água, num mar grande, sou esmagado algumas vezes por uma onda e fico em um estado elevado de estresse quase pós-traumático. E, de repente, aquela garrafa de Bordeaux me parece muito atraente. Parece que vai resolver.

Mas não funciona. Tornei-me cruel e desagradável com as pessoas mais próximas.

Quando misturamos essa sopa tóxica dentro de nós com uma carga extra de venenos – bebidas, drogas, o que quer que seja –, é autodestrutivo.

É isso que o medo não processado faz com a gente. É isso que acontece quando não gerenciamos o processo do medo desde o início, nem o eliminamos adequadamente após o ocorrido. Ficamos exaustos com o tipo errado de estresse. Ficamos sobrecarregados com coisas negativas. E depois só pioramos as coisas com alguma solução rápida. Você tem que nutrir o seu caminho de saída.

O medo é uma ferramenta poderosa para o organismo, mas você precisa saber o que fazer com ele. E ter essa consciência é metade da solução. Apenas reconhecer que é isso que você está fazendo já é meio caminho andado. Apenas perceber que existem uma causa e um efeito em ação.

Mas nem todo mundo tem coragem de lidar com o estresse de frente. Ele é muito bruto. É aí que a imersão pode desempenhar uma função. Formas indiretas de aconselhamento do organismo para redirecionar o estresse por meio da imersão em algo.

É aí que atividades como a meditação ou mantras mecânicos como velejar, surfar, correr ou escalar entram em ação e podem desempenhar um papel poderoso no redirecionamento do estresse. Porque essas atividades forçam você a estar no momento. Elas te consomem e redirecionam as coisas negativas.

Para realmente viver, realmente estar presente, você precisa descobrir como processar o estresse. Caso contrário, você apenas se afogará nele. Isso te consome das piores maneiras.

E você tem que prestar atenção em cada dificuldade, não apenas na fonte ou na natureza do estresse em si. Sono, hidratação, relacionamentos: tudo importa. Se meu relacionamento com minha esposa não estiver bem ou se minhas filhas não estiverem bem, eu não posso me libertar. Estou preso.

O corpo todo precisa de cuidado. Quanto mais próximo você estiver de cuidar do organismo como um todo, melhor você conseguirá processar o estado de estresse. A vida precisa desse nível de atenção.

Temos que tornar a vida produtiva. Fazer com que seja uma boa jornada, algo de que você possa desfrutar enquanto vive. E isso envolve algum risco. Aqueles que assumem riscos, isto é, aqueles que assumem grandes riscos, podem forçar esses limites, mas não se trata apenas de esportes radicais. Todos nós temos que correr alguns riscos na vida e confiar que isso seja algo bom, não apenas sentir que precisamos evitar o incômodo, desistir porque atingimos uma determinada idade ou fazermos algo que indica que "Para mim, chega".

Quando as pessoas falam sobre aposentadoria, dizem: "Vou trabalhar a vida inteira. Vou ganhar muito dinheiro e me aposentar." E isso é legal. É uma decisão e você se agarra a ela. Mas o perigo é que, apenas tentando sobreviver e prosperar enquanto busca esse objetivo, você perde muito da vida. E isso pode gerar arrependimento.

O perigo é você chegar ao ponto de poder se aposentar, mas estar tão exausto que não consegue sequer desfrutar da sua aposentadoria. Então talvez você também possa tentar viver um pouco mais ao longo do caminho.

Você não sabe o que vai acontecer. Você deve viver esta vida. Tente viver o momento. Tema o desconhecido, mas não se apavore com ele.

Precisamos planejar o que poderá acontecer? Bem, eu acho que isso faz parte, mas o movimento se encontra em algum lugar entre aquilo que é e aquilo que pode vir a ser. É aí que precisamos existir. Você pode viver como se não houvesse amanhã e ainda assim estar um pouco preparado para ele.

É parte da arte: viver no agora, mas se certificar de estar na direção correta, para não ser pego desprevenido ao acordar no dia seguinte. A sua evolução continua como uma pessoa que vive no agora irá de certa forma prepará-lo para o amanhã – essa será sua preparação para tudo o que está por vir.

Mas, no fim das contas, tudo se resume a uma só coisa: ter clareza sobre o seu propósito na vida. Seu propósito é fazer o que você faz. Sua relação com a morte. As horas em que está assumindo riscos. Se você está ali fazendo acontecer, tenha clareza sobre o porquê disso.

Eu uso o surfe de ondas grandes como exemplo. Quando você se coloca em uma situação em que é testado, o motivo de estar lá sempre retorna. Se acontecer naquele momento, bem no meio do teste, tome cuidado se não conseguir responder à pergunta: "Por que estou aqui?" Na hora da verdade, quando a coisa apertar e você se perguntar o porquê de estar ali, a sua resposta determinará se você continuará ali alguns momentos depois.

O seu "porquê" é tudo. Se for seu cerne, sua essência – se for tudo o que você sabe –, então continue. Se for qualquer outra coisa, algo material ou movido pelo ego, em algum ponto seu instinto vai abandoná-lo. Você vai pirar. Terá aquele momento de pensar "Me tire daqui". E isso é ruim. Numa situação de alto risco, esta é uma falha evidente.

Mas se você está seguindo a sua intuição e o seu coração, então você pode pensar "Eu não sei se estou pronto para a surra que vou tomar, mas estou aqui e eu sei por que estou aqui".

Quanto ao que acontece quando eu não estou aqui, isso é outra conversa. Existem muitas versões dessa situação. É aí que a ciência e a religião entram em cena. Viver entre o conhecido e o desconhecido. Não importa o quanto você ache que é bom ou o que os outros dizem sobre você. Você deve ter a humildade de aceitar que não sabe de tudo e talvez nunca venha a saber.

> Se você quer o respeito de alguém no Havaí, precisa ter humildade. Eu poderia mencionar LeBron James, Ronaldo ou quem você quiser, e o Laird provavelmente faz a coisa mais desafiadora – é de longe o mais humilde.
>
> —GABBY REECE

Talvez não cheguemos a saber o que acontece após a morte, porque isso talvez afetasse o modo como vivemos, e a gente precisa aprender a viver com base no que pode ver e ouvir agora.

Não temos o luxo de possuir essa outra informação que poderia afetar a maneira como fazemos tudo. Ter isso significaria não vivenciar realmente o que está acontecendo no momento. Você não obteria todas as recompensas dessas lições. Isso impediria as pessoas de tentarem viver o melhor de suas habilidades.

Acho que, em certa medida, o lado espiritual naturalmente se sobrepõe, porque nem sempre temos os fatos. Sim, temos as informações biológicas ou a ciência médica para saber o que acontece conosco fisicamente quando morremos, mas em relação ao nosso eu consciente e o que acontece com ele, não temos ciência para explicar, embora possamos *sentir*. Há alguma coisa. Eu sei, instintivamente. Estou certo de que existe algo maior do que nós; maior do que eu – muito além do que posso compreender. Não sei como é exatamente, mas continuarei a acreditar que há algo, porque não há ciência que diga que não existe.

Desconhecer faz parte de nós e de como evoluímos. A parte espiritual nos leva para além de nossas limitações – além das limitações do que conhecemos.

> Aceitando e assumindo riscos é como evoluímos enquanto espécie. Só o fato de termos evoluído para além da necessidade de assumir esse nível de risco em nossas vidas cotidianas não significa que essas habilidades internalizadas simplesmente desaparecem.
>
> –LAIRD HAMILTON

Com o risco é a mesma coisa. As pessoas não fariam o impossível, não se forçariam a testar novos limites se trabalhassem dentro das linhas ou aceitassem o que é dado. Nos primórdios dos automóveis, as pessoas pensavam que morreríamos se andássemos a mais de 30 quilômetros por hora. O não saber é uma pilha; ele nos faz questionar e nos deixa curiosos para saber o que há do outro lado – o que há além?

Talvez, enquanto organismos, evoluímos por não ter todas as respostas. Prosseguimos na busca.

Eu acredito que já é complicado o suficiente apenas tentar viver sendo fiel a si mesmo – ao que está escrito no seu coração – e viver de forma fiel a este espaço e este tempo. É um trabalho árduo; tentar buscar o significado de tudo não mudará realmente aquilo que você tem que fazer e pelo que terá que passar.

## EMPREENDENDO COM OS PÉS DESCALÇOS

## Medo, fracasso e correr riscos

O fracasso – e o medo dele – é uma das maiores barreiras para iniciar e expandir um negócio.

Correr riscos é a realidade diária de todos que acabaram de começar ou já dirigiam um negócio.

As respostas do empreendedor ao risco e à probabilidade de sentir medo ou fracassar grandiosamente, tanto no nível emocional quanto racional, vão colorir, moldar e definir os níveis do seu sucesso.

Elas podem prever a capacidade do empreendedor de gerenciar a turbulência que vem com a construção e o comando de um negócio.

O medo de um grande fracasso – como a falência, por exemplo, e a perda de status e de identidade que isso provoca – é algo que o empreendedor resiliente deve sempre cogitar.

Culturas e setores que abraçam o espírito do fracasso e o veem como uma força positiva direcionam-se mais rapidamente para encontrar soluções, avanços e reparos em caso de turbulência e volatilidade.

Aqui, Laird e Gabby exploram o tema de assumir riscos e quais os efeitos e o impacto pessoal gerados na vida profissional deles.

# LAIRD

Assumir riscos nos negócios é a aposta mínima inicial. E o risco vem de várias formas.

No entanto, por conta do que faço na água, o risco nos negócios é muito, muito diferente na forma como se manifesta e em como eu me sinto a esse respeito.

Acho que o risco tem uma certa fórmula – uma certa lógica.

Se na sua mente você não está preparado para pegar a maior onda do dia, então provavelmente não deveria estar ali. Nos negócios não é muito diferente, mas o resultado é um pouco menos grave.

Cito Don Wildman o tempo todo: "Isto não é vida ou morte".

Esses riscos que você assume nos negócios não são de vida ou morte. Não são críticos. E se você não estiver disposto a assumir uma certa quantidade de riscos, não terá a oportunidade de experimentar o sucesso máximo.

Faz parte do acordo: sem risco, sem recompensa. E quanto maior o risco, maior a recompensa, mas não significa que a gente não tenha medo do fracasso – só acho que, se falhamos várias vezes e já passamos por isso, o impacto é menor.

A essa altura, você já sabe que pode sempre começar de novo, então acho que você precisa ter fé, o que significa acreditar na possibilidade do sucesso.

Você tem que acreditar mais na possibilidade de sucesso do que na probabilidade de fracasso. Se não agir assim, você simplesmente terá medo de fazer qualquer coisa. Se acha que não há possibilidade de sucesso no que está fazendo, no negócio que está abrindo ou administrando, então cada pequena ação vai te deixar com medo.

Mas não é uma questão de vida ou morte. Não significa correr riscos ao ponto extremo do organismo. Se os empresários quiserem sentir esse risco, eles vão vestir uma roupa de *kite* ou fazer um *BASE jump*.

Eles experimentam a verdadeira sensação de estarem vivos, de correrem riscos.

As pessoas podem fazer do seu negócio o seu maior risco – essa é a motivação delas, mas acho que isso apenas substitui o fato de não terem um outro lugar para exercitar essa emoção extrema.

Se quer que o seu negócio seja sua onda, tudo bem; mas, em pouco tempo, se correr risco for a sua motivação, até os limites de si e de suas capacidades, você vai querer procurar pela versão real disso.

Acho que ver qualquer um dos meus negócios falhar não seria uma sensação legal. No momento, meu negócio de superalimentos é o mais bem-sucedido e tem o maior potencial de crescimento, então seria o que mais me decepcionaria, caso fracassasse.

Apesar disso, não sou definido pelo sucesso ou fracasso de nenhum dos meus negócios. Eles são importantes para mim, mas não são quem eu sou ou o que eu fiz.

Se o seu negócio corresponde a toda a sua identidade, acho que você pode ter problemas à espreita.

Acredito que, quando você dedica todo o seu ser a esse negócio, coloca uma pressão extra na situação, que, penso eu, servirá apenas para inibir seu sucesso.

O negócio precisa ser importante, não me entenda mal. Você precisa que as coisas tenham significado, mas o sucesso ou o fracasso estão te definindo como pessoa? Porque isso introduz um potencial para o desespero.

Quando o seu ser depende totalmente de sucesso ou fracasso do seu negócio e algo começa a dar errado, você não terá a clareza necessária para tomar a decisão correta. Você vai se desesperar. E é sempre ruim se você lida com isso a partir de uma posição de desespero – é sempre um lugar desagradável de se estar, em qualquer situação da vida.

O desespero o coloca em uma posição em que você não consegue operar com todo o seu potencial. Você fica sobrecarregado com todas as possibilidades e variáveis, e isso é fácil de acontecer. Você coloca essas cobranças em si mesmo e, de repente, está se sentindo como uma profecia autorrealizada.

Isso mata sua confiança, que, por sua vez, mata sua criatividade, sua capacidade de pensar de forma inteligente. Você se torna mais conservador.

Você vê empresas jovens em que o sucesso realmente se baseia na sua tomada de riscos – e então, assim que obtêm sucesso, elas entram em um modo conservador. Toda a energia é repentinamente canalizada para proteger a identidade que conquistaram, aquilo que acumularam – e é aí que os negócios se estabilizam. O negócio sempre se estabiliza quando se torna conservador.

Um atleta também pode agir assim. Quando é mais jovem, você está assumindo riscos, está disposto a fazer tudo, absorvendo os fracassos, voltando a carga, e então, assim que você alcança o sucesso, de repente você não quer mais assumir tantos riscos.

Acho que é fácil cair nessa armadilha, porque isso é parte da condição humana: uma vez que você atinge um certo nível de estabilidade – quando você já está se sustentando –, você passa a atuar num modo de proteção, um modo completamente diferente daquele que fez você alcançar o sucesso.

E isso significa que você se desconectou de si mesmo, daquela coisa autêntica responsável por aquilo que você construiu. O risco dessa desconexão é enorme.

Meus negócios estão todos conectados à minha marca – são parte de mim. A imagem está sempre conectada; sempre existe uma continuidade entre elas.

Mas, ao mesmo tempo, eu gosto de ter uma certa separação, porque é como construir cinco fogueiras. Se uma está realmente começando a pegar, basta adicionar madeira, e àquelas que não estão queimando tão bem, você simplesmente não dedica tanta energia. No entanto, todas têm uma função – há uma continuidade entre todas que reflete qual é a sua filosofia corporativa.

Acho que esta filosofia é bem consistente em todos os nossos negócios.

Seja num negócio que está começando ou num produto que está sendo desenvolvido, tem de haver consistência na imagem dele e na forma como ela é retratada.

Acredito que isso não muda muito, não importa qual seja o produto ou o negócio. Você pode ajustar alguns aspectos para um determinado produto, mas, em geral, a filosofia e a imagem dele devem ser bem controladas.

Você tem que protegê-la, porque esse é o único valor visível inequívoco. E esse valor tem de ser protegido e a mensagem também tem que ser consistente, porque senão fica confuso. Se todas as suas empresas são autênticas, fica bem mais fácil; afinal, se você falar apenas uma "verdade" em todas elas, não precisa ficar tentando se lembrar do que disse enquanto transita entre as empresas.

A relação entre os negócios é importante. Eles se alimentam um do outro.

Quando você define um norte, não há confusão e as pessoas podem começar a se identificar com a filosofia da sua marca – portanto, passar mensagens consistentes vai ajudar. Se você tiver uma mensagem consistente, será mais fácil fazer uma polinização cruzada.

As pessoas querem saber que existe uma mensagem consistente nas coisas. Se é assim, quem trabalha com você fica mais motivado e menos desorganizado, porque você não está criando confusão em torno do que está promovendo. A confusão pode ser perigosa e criar incertezas. E pode gerar problemas de identidade.

Às vezes, é bem provável que isso aconteça quando se tenta controlar demais alguma coisa em vez de simplesmente permitir que tudo aconteça de forma caótica.

Quando você insere uma fórmula, pode perder sua personalidade, sua identidade. Tudo é questão de permanecer único, é sempre uma questão de ser único – ser único é o que importa, certo?

Essa é a regra da natureza. O sistema é o sistema, mas dentro dele tudo é diferente.

Cada floco de neve é diferente – essa é a natureza de tudo – é algo fundamental. Cada folha é uma folha, mas cada folha de cada planta é diferente.

O risco também pode existir quando se é demasiado competitivo. Você pode se matar de vez ultrapassando as suas limitações.

Se você é demasiadamente competitivo, isso limita bastante suas chances. Se estiver confiante, você encontrará naturalmente o seu nível; mas, se você está se superprotegendo e elaborando demais, isso é um sinal de insegurança – e essa é uma limitação que vai restringir o seu potencial. Você está simplesmente prendendo a respiração.

Se estiver aberto, então é como a lei do Universo – você poderá abraçar a vazante e o fluxo. Essa será a energia natural do seu negócio ou da sua ideia.

Sobreviver é se adaptar. A capacidade de ir e vir com a corrente, de inspirar e expirar com uma ideia de negócio, é uma grande parte do gerenciamento de risco e de exposição.

Quando relaciono isso ao oceano e à adaptação na água, em primeiro lugar: cada onda é diferente – o que cria uma nova circunstância. Portanto, você tem que ser capaz de se adaptar rapidamente. Dizem que os planos mais bem-elaborados são também os mais fáceis de modificar.

Tudo é uma oportunidade de melhorar, essa é a parte interessante.

Uma vez que tudo já esteja encaminhado, isso é menos atraente. Acho que fica menos interessante. É esse o ponto em que você tem que deixar para lá. É hora de entregar a alguém com melhor estrutura para o direcionamento, o dimensionamento e o controle.

Depois que você compreende o que é necessário para ter um negócio de sucesso, o próprio sucesso pode se tornar uma fórmula. Existe uma determinada abordagem ou característica para o seu sucesso que você pode começar a implementar em outros negócios. Ela precisa variar com diferentes produtos, mas você pode observar certos setores e começar a mapear como sua abordagem de sucesso pode funcionar neles.

Você sabe que haverá certas necessidades e requisitos para empreender um negócio. Você vai precisar disso e daquilo outro – receita recorrente, vários pontos de distribuição, o que for preciso e, depois de juntar tudo, você tem um negócio, mas será que vai obter sucesso?

Às vezes, apesar de todo o seu planejamento, seu projeto simplesmente não se encaixa na fórmula de sucesso que você criou, e você tem que decidir se é algo que vale o seu esforço.

Tomar decisões sobre qual negócio iniciar e tocar tem muito a ver com o que você escolhe chamar de sucesso. Pode haver outro motivo para você estar no negócio. A certa altura, pode ser que você não esteja voltado para o sucesso comercial; pode ser que você precise de alguma outra coisa que o negócio te proporciona.

Quando eu penso sobre o ramo de pranchas e equipamentos, vejo que este é um ramo difícil. São itens caros. As pessoas compram uma vez e depois ficam anos sem comprar.

Mas eu preciso de equipamentos. E eu prefiro surfar com as minhas próprias pranchas do que com as de outra pessoa. Então, mesmo que o negócio das pranchas não renda uma boa margem de lucro e não seja muito bem-sucedido, ele ainda funciona como um raio fundamental na minha roda.

Se a operação consegue de alguma forma se subsidiar e me fornecer o que preciso, é melhor do que usar um produto inferior. Aconteça o que acontecer, direta ou indiretamente, ela ainda irá beneficiar os meus outros negócios. Ela expande a minha marca e a minha realização criativa.

A natureza do sucesso de um negócio determinará a sua realização criativa, e há algo a ser dito sobre essas coisas que nos oferecem uma plataforma para continuar promovendo a marca em diferentes locais.

Portanto, há negócios meus, como o das pranchas, que podem se tornar comercialmente bem-sucedidos, mas não é isso que ditará sua continuidade.

E a possibilidade de sucesso é genuína, mas você não está suspenso nesse penhasco de querer saber se aquilo vai te fazer acontecer ou se vai te quebrar.

Se você dirige vários negócios, nenhum deles sozinho deve ser capaz de te fazer acontecer ou te levar à falência. Cada um deve ser capaz de te trazer sucesso, ou pelo menos fazer contribuições significativas para isso, mas o fracasso de um deles não deve ser capaz de destruir tudo.

## GABBY 🔳

Acho que Laird chegou tão perto da sensação de que poderia morrer que o seu senso do que é ameaçador é diferente. Se ele se preocupa com o fracasso? Acho que não.

Lembre-se que ser o novato, ser o iniciante, é um lugar confortável para o Laird. Ser um iniciante envolve fracassar e isso o coloca à prova. Os negócios não são diferentes.

Seu negócio de *stand-up* nunca prosperou realmente, mas é estranho, porque a maior conexão do Laird com a maioria das pessoas é justamente a prancha a remo (*stand-up paddling*), porque é algo que eles são capazes de praticar. Eles não vão fazer *foil* nem surfar ondas grandes, eles vão remar em pé em um rio ou lago, talvez no mar. Portanto, esta é a maneira por meio da qual ele poderia melhor se conectar com a maioria das pessoas, mas isso nunca aconteceu para valer.

Às vezes, é preciso apenas um pequeno detalhe para inspirar um negócio. Às vezes, apenas observar.

Paul Hodge, o cofundador da Laird Superfood, via as pessoas pedindo ao Laird para fazer café, ano após ano, e um dia ele disse, literalmente: "Isso não deve ser muito difícil". E então, em três meses, tínhamos amostras e o início do negócio com a Coffee Creamer.

Acho que a forma como a empresa cresceu entusiasmou muito o Laird, tanto quanto poderia entusiasmá-lo. Ele fica realmente apaixonado ao descobrir essas coisas – o equilíbrio, os ingredientes e como eles se juntam. O café desempenha um grande papel em seu regime de energia. Ele não é adepto do expresso preto, supercarregado de cafeína. Ele precisa de uma liberação lenta. E o Creamer é o sistema que alimenta a energia uniformemente. Portanto, não é apenas um produto com a marca do Laird, é muito mais do que isso.

Acho que seria decepcionante para ele se esse negócio fracassasse. Mas essas são decisões que sempre surgem nos negócios. "Está fracassando? Por quê? E o que podemos fazer a respeito?"

Às vezes, você tem que ser aquele que alerta.

Então você fica de olho. Você observa o panorama dos seus negócios. Qual precisa de cuidados? Você supervisiona de forma realista, apenas olha para o aspecto econômico. Você está de olho no mercado. Você está de olho na equipe. Você olha as avaliações. Você olha as vendas. Você está de olho em tudo. E você diz: "Ok, neste momento, olhando para o cenário completo, este negócio não está indo bem".

Não é algo que você possa controlar sempre.

Eu tenho feito isso há tempo suficiente para poder olhar e pensar: "Isso está fora do meu controle".

Essas são as coisas que você não pode explicar. Então, acho que quando se fala em negócios, você faz o melhor que pode e tenta realmente olhar adiante e ser inteligente, e fica sempre voltando à sua fonte no coração e nos motivos de fazer o que faz.

E certificando-se de ter sempre clareza. E de saber que quando você simplesmente diz "Vou encarar isso", você não vai fingir que estava planejando as coisas dessa forma. O que quer que aconteça, é tipo: "Sim, isso faz parte do negócio, faz parte do empreendedorismo".

Haverá momentos em que você pensará: "Fizemos tudo certo e não funcionou, e meio que fizemos um terço das coisas muito bem, e então algo simplesmente aconteceu – como um estranho momento mágico – e as coisas pararam de funcionar".

Então acho que é algo importante de se entender: as coisas nem sempre funcionam; no entanto, era necessário tentar.

Fizemos outras coisas que não funcionaram e isso também faz parte. Você não pode pensar: "Eu vou lá e vou acertar todas as tacadas".

Pessoalmente, gastei muito dinheiro em ideias e coisas em que tentava juntar as peças, mas não era o momento certo e não funcionava, então a gente desperdiçou muito dinheiro. Eu já segui por essa trilha. É algo que faz parte do caminho.

O que acontece é que você aprende de cara a interromper logo o processo quando entende que uma ou duas coisas não estão certas. E isso é tudo que você precisa.

Você tem que pensar: "Chegamos até a metade do caminho, devo continuar até o fim? Ou dou meia-volta?"

É também entender quem você quer ter por perto. A princípio, você deseja estar cercada de pessoas realmente inteligentes, mas depois percebe que, na verdade, precisa estar próxima de pessoas realmente *colaborativas*.

E elas nem sempre são agradáveis. De vez em quando temos que nadar com os tubarões.

Eu acredito que as pessoas têm medo de tentar o empreendedorismo, porque ele nos consome e leva bastante tempo.

Você precisa ter alguma resistência e fé. É aí que você expressa a sua intenção original e suas ideias de realização. Se você puder estar sempre conectado a elas, elas te levarão adiante. Sempre farão sentido para você. E é necessário, porque leva muito tempo. Leva muitos e muitos anos. Leva sempre mais tempo do que você pensa.

A boa notícia é: você não vive e morre na construção de um negócio. Porém, quando uma ideia ou um negócio vacila ou morre, você simplesmente não os larga e sai correndo.

Ou talvez seja só eu. As pessoas parecem fugir do que consideram ser um fracasso, mas você precisa terminar. É como o Laird e a onda – você tem que terminar de surfar a onda, aconteça o que acontecer.

Então você finaliza o negócio. Por respeito às pessoas que investiram tempo ou dinheiro nele. Porque estou olhando a longo prazo – em investimento no relacionamento.

Eu acho que essa é outra grande parte: sempre manter-se fiel às decisões que tomou e ser responsável pela sua participação nelas. Fazer o algo mais, revisar tudo – sempre ir além.

Então, se você tiver que largar a guilhotina, tudo bem. Você também vai poder encarar as pessoas numa boa – é aí que está.

Você tem que levar essas coisas numa boa. Isso é ser responsável com as pessoas com quem você faz negócios e aceitar o que essa decisão implica. Esse é o carma bom.

## MANTENHA O FOCO

A maneira como vivenciamos e processamos os fundamentos da morte e do medo influencia o modo como iremos navegar com sucesso pela vida. Fomos moldados em um nível genético, físico, emocional e filosófico ao longo de milhares de gerações. Apesar dos nossos melhores esforços para aprisioná-los ou nos escondermos deles, esses fundamentos estão sempre presentes, logo abaixo da película reluzente da raspadinha de nossa existência; inevitável e imutável. Raspe a película e, em algum momento, vai encontrá-los te encarando de volta.

O acolhimento e a celebração da morte e do medo são artes que estamos perdendo na história e nos mitos. É como se sentíssemos que evoluímos para além deles.

No entanto, essa é uma mentira que nos permite deleitar numa ilusão: que a morte é negociável. Mas a morte *não* é negociável para nós. E uma ausência total de medo é a prova de um deslocamento evolutivo que não vai nos beneficiar nem nos aprimorar.

A verdade crua é que, para sermos completos, para sermos genuínos e para existirmos na realidade do nosso agora, precisamos que tanto o medo quanto a morte estejam vivos dentro de nós.

Laird deixa bem claro que o seu contrato com a vida é baseado no fato de que ela vai acabar. Ele acredita que embora o nosso mandato nesta vida possa ser definido em grande medida pelo bom condicionamento do organismo que somos, a morte é inevitável. É na tensão entre a vida e a morte – nesse atrito – que nos sentimos verdadeiramente vivos.

"Estamos em competição com a morte."

É nessa simples aceitação que está a maior força dele, sem nenhuma ilusão de imortalidade ou negociação. Nem mesmo uma lufada das vaidades antienvelhecimento que parecem nos consumir cada vez mais.

A presença da morte e do medo certamente mantém Laird fiel à existência que ele tem e à pessoa que ele precisa ser para viver e prosperar dentro dela.

Se tivéssemos que escolher apenas uma simples lição de Laird, a partir das suas explorações dos papéis e do impacto da morte e do medo em sua vida, seria a sua capacidade de manter o foco.

Mas é muito fácil de dizer para manter o foco e nem sempre tão fácil de fazer. Então nós identificamos dois valores-chave de Laird que podem ajudar a orientar nossa capacidade de conseguir. São eles o **compromisso** e a **humildade**.

## Compromisso

O compromisso absoluto com o que está à sua frente é um dos principais atributos de Laird. Seja uma onda de 18 metros ou um toco de árvore, um búfalo ameaçado por uma enchente ou uma filha muito irritada, Laird não contorna ou se afasta de nada. Ele atravessa. Como Gabby deixa bem claro, o nível de trabalho de Laird é totalmente insano.

Esse é o argumento de Laird. Comprometer-se com a vida que temos pela frente, tanto no agora quanto no futuro, sem fugir ou fingir, não tem nada a ver com fontes ilimitadas de força, status, poder ou intelecto. Testar os limites da vida e comprometer-se totalmente com o que está à nossa frente não depende de quantas "curtidas" e "compartilhamentos" recebemos.

Se como criaturas nos comprometermos totalmente com a vida e vivermos dentro das nossas limitações enquanto organismos, percorrendo a estrada entre o nascimento e a morte com gosto e propósito, poderemos alcançar coisas notáveis e extraordinárias.

É assim que nos tornamos livres. Só então percebemos que é a nossa aceitação do comum que nos prepara para coisas extraordinárias. Mergulhar de boa vontade na abundante diversidade de ações banais e nas aparentemente minúsculas atividades que preenchem os nossos dias é o que nos liberta.

## Humildade

Aceitar que vamos morrer requer um ato de suprema humildade nos dias de hoje. E não é difícil ver por que muitos de nós sofremos ao encontrá-la.

Estamos sendo alimentados com sonhos convergentes de que a Inteligência Artificial nos levará a um estado superior do ser e da vida eterna. Enquanto isso, esperamos loções, poções e pequenas cirurgias que vão retardar o apodrecimento da nossa cobiçada juventude.

Adotamos cada vez mais uma presunçosa arrogância em relação a nós mesmos e ao mundo em que vivemos. Há pouca humildade na nossa crença de que podemos inovar para escapar de tudo, desde mudanças climáticas, ar poluído e extrema pobreza, até tsunamis de plástico em nossos oceanos e micropartículas nos peixes que comemos. Somos deuses dobrando a física à nossa vontade e transformando o mundo material à nossa imagem.

Mas ser capaz de todas essas coisas é deixar de lado o principal.

Sim, nós somos criaturas incríveis em nossa capacidade de evoluir, gerenciar o ambiente ao nosso redor e a maneira como vivemos, prosperamos e sobrevivemos nele, mas Laird acredita que, em nossas buscas egoístas, poluímos nossas próprias grandes ideias, da mesma forma que fazemos com o nosso planeta. E isso tem a ver com arrogância.

Para Laird, a incapacidade de encontrar a humildade diante das incógnitas metafísicas ou científicas não faz sentido. Ele mesmo admite já ter permitido que a arrogância moldasse suas ações e sua personalidade em algumas ocasiões, mas algo dentro dele finalmente o fez conseguir se agarrar e manter a simples e poderosa ação de ser humilde.

## 'OHANA

Compromisso e humildade são valores fundamentais da 'ohana havaiana. Cada indivíduo da 'ohana se utiliza do poder da Unidade de tudo, por meio de suas palavras e atos, em todas as tarefas que realizam – desde acender uma fogueira, trocar um pneu e limpar um terreno até trabalhar nos campos e pescar. Eles agradecem por meio do ho'oponopono – a ação consciente. Eles o praticam para ativar e fortalecer suas capacidades e competências para benefício mútuo. Dessa forma, cada indivíduo se compromete com os outros e com as tarefas que a unidade deve realizar para sobreviver e prosperar, a todo momento, tanto em si mesma quanto compondo uma parte das múltiplas unidades da *'ohana* interconectadas.

É o compromisso comunitário inabalável desses indivíduos e a tarefa ou o desafio que têm pela frente que alimentam sua tenaz dedicação. A arrogância e a ostentação são desaprovadas como sendo características não havaianas, embora algumas pessoas achem algo surpreendente para um povo guerreiro.

Há uma humildade em face às grandes forças da natureza e da Unidade que orientam as interações dos havaianos com as pessoas e o mundo natural ao redor.

A humildade é um dos princípios sagrados da sua visão de mundo. É sempre reconhecida e respeitada, mesmo entre os jovens, independentemente de eles próprios a terem alcançado ou não. Por outro lado, o problema na maioria das sociedades ocidentais é que nós sequer a reconhecemos hoje em dia como um princípio norteador. Assim como a decência e a virtude, a humildade parece um pouco antiquada. Em nosso estado acelerado atual, essas noções parecem um pouco folclóricas e antiquadas – ou possuem uma certa conotação de hino.

O compromisso de Laird com a vida que ele tem, com sua família e sua comunidade é imutável e inegociável. A humildade de Laird para com suas próprias falhas e arrogância é surpreendente, dado o que ele conquistou. É assim que ele mantém o foco.

## UM EXERCÍCIO PARA MANTER O FOCO

Uma vez que nos comprometemos com a realidade – com a verdade imutável de que um dia vamos morrer – e, por conta disso, nos comprometemos com a vida que temos e não com alguma fantasia ou visão distante do que ela poderia ser, somos então liberados para agir sem as restrições das ilusões e distrações contra as quais muitos de nós lutamos.

E uma vez que percebemos que o orgulho e a arrogância – e a ilusão esnobe de superioridade que acompanha esses sentimentos – nos levam somente a uma incapacidade de aceitar a fragilidade e a falibilidade de nós mesmos e dos outros, podemos entender a realidade do nosso lugar na sociedade e entre as criaturas com as quais compartilhamos nossas casas, vizinhança e locais de trabalho.

Uma vez colocadas de lado todas as teorias e conversas esotéricas, a questão que fica sempre é: "De que forma isso é relevante para mim? Como faço para colocar isso em prática na minha vida cotidiana?" Então aqui vai uma pequena sugestão de como um ato de compromisso e humildade poderá ajudá-lo a manter o foco.

Pense em uma pessoa que você tenha prejudicado. Ela talvez nem saiba que você a prejudicou. Um velho amigo da escola. A senhora do mercado da esquina. A pessoa com quem você vive. Seu filho. Aquele cara do trabalho. Pense nessa pessoa e imagine como você pode corrigir o que houve de errado – como você pode fazer uma reparação.

Imagine e depois se comprometa. Comprometa-se para valer. Escreva isso na sua lista de "coisas que devo fazer antes de morrer". Comprometa-se ao ponto de que você vai fazer reparações mesmo que um furacão esteja vindo na sua direção ou que o céu esteja caindo sobre a sua cabeça. Mesmo que leve uma hora, um mês, um ano ou uma vida inteira – comprometa-se.

E "errado" é a palavra-chave aqui. Porque ter errado com alguém é ter agido na crença absoluta de que você, ou o que você estava fazendo, era o certo. A correção é uma emoção muito destrutiva. A correção faz o que está escrito no manual. Isso leva um grande número de pessoas a se sentirem certas, porque o equipamento, o livro ou a arma nas mãos delas diz que elas estão. E quando tantas pessoas estão ocupadas em estarem certas, há pouco espaço para o erro. E todos somos muito capazes de errar. A dádiva está em ter a humildade para admitir os nossos erros e nos comprometermos a corrigi-los.

# CORAÇÃO

> Nosso coração começa a bater
> e não para até tudo se acabar.
>
> —Laird Hamilton

Em um mundo mergulhado em mantras de atenção plena e bem-estar, podemos facilmente ignorar o coração.

Nos conceitos que temos de nós mesmos como seres superiores, o coração desempenha um papel secundário muito distante em relação ao cérebro humano.

Cada vez mais o cérebro é tudo, o superprocessador do computador superproteico que somos – e o coração fica reduzido a um algoritmo biológico que aciona a máquina dirigida pelo cérebro.

Mas o papel do coração na formação de nossas habilidades intuitivas e no equilíbrio de nosso bem-estar emocional é muito maior do que jamais imaginamos.

Os avanços na nossa compreensão do coração humano revelam que, em sua natureza, ele está muito mais próximo do papel holístico atribuído pelos antigos do que da versão mais unidimensional reconhecida pela ciência biológica recente.

Neste capítulo, Laird explora a ciência e a psique do coração não apenas em relação à nossa evolução fisiológica como indivíduos, mas também em relação à função principal delas no âmago das criaturas brilhantes e sensíveis que somos.

CORAÇÃO

Ao fazer isso, ele revela seus próprios sentimentos íntimos sobre como sintonizamos, moldamos e nutrimos nosso coração para desempenhar o papel proeminente que ele merece em uma vida plena – e o que perdemos ao deixá-lo em segundo plano.

# LAIRD ⟡⟡⟡

Dentro do meu programa XPT, eu conecto o coração ao pulmão, então dou a isso uma boa prioridade no treinamento. Provavelmente, metade ou talvez três quartos do meu treinamento são voltados para essa proposta. Quando falamos especificamente sobre o treinamento, tudo acaba sempre sendo impulsionado pelo cardiovascular, ou seja, pelo coração.

Sempre que vamos contra a "parede" ou rumo ao "fracasso", a pergunta mais comum que recebemos em relação ao desempenho e sobre estar na água é: "Por quanto tempo você consegue prender a respiração?" – tudo está relacionado à sua frequência cardíaca. Eu posso prender minha respiração por cinco minutos na academia se eu gastar dez ou quinze minutos preparando meu pulmão, diminuindo a frequência cardíaca, ficando bem e calmo; assumindo uma posição de meditação.

Mas, se você disser: "Corra pelo quintal o mais rápido que puder e prenda a respiração no final", terá sorte se chegar a trinta segundos. Talvez você tenha sorte de conseguir vinte segundos. Portanto, muito do que incorporei em todo o meu treinamento é focado na respiração.

Quer eu esteja prendendo a respiração em máquinas aeróbicas – treinamento de respiração interna – ou fazendo todo o treinamento na piscina, tudo é baseado em uma forma de prender a respiração ou em treinamento hipóxico [treinamento de desempenho respiratório com base em oxigênio reduzido], mas sempre sob supervisão. Isso também te protege, de certa forma, porque você não enfrenta o perigo que existe no mergulho livre.

No mergulho livre, você tenta diminuir a frequência cardíaca; você oxigena e purifica o seu $CO_2$, e então hiperventila para o $CO_2$ diminuir; mas, ao fazer isso, você perde o sistema de alerta que lhe diz para respirar – aquilo que te força a respirar no final do ciclo respiratório.

Eu prefiro o outro lado da balança, alta frequência cardíaca e níveis de $CO_2$ sem serem falsamente purificados. Um método em que você não reduz esses níveis por meio da hiperventilação, o que mantém o alerta ligado. As luzes vermelhas piscam e você tem que respirar, e a demanda para respirar é tão grande que você não precisa se preocupar com um apagão em água rasa. Mas, novamente, note que tudo está relacionado ao coração – à sua frequência cardíaca e à sua capacidade de controlar a relação entre o coração e a respiração.

Tenho algumas filosofias sobre frequência cardíaca. Uma delas é que você precisa mantê-la natural. Nos esportes, existe uma coisa chamada "esgotamento" [quando a hipoglicemia é induzida propositalmente no treinamento], uma situação em que, na prática, você se leva ao fracasso. Você estressa o corpo até chegar a um ponto em que bate na parede, vomita ou tem alguma forma de reação extrema. Você nunca veria um animal fazer isso na natureza. Acho que é uma habilidade aprendida – uma habilidade que realmente desenvolvemos por meio da falta de movimento. Isso não funciona para mim. Eu não faço isso.

O que descobri quando monitorei minha frequência cardíaca foi que eu tinha naturalmente uma espécie de sistema autônomo que parece fazer mais sentido – e sempre que minha frequência cardíaca ficava muito alta, ela simplesmente caía. Baixava naturalmente, o que me impedia de acelerar demais e, no fim das contas, de falhar.

No meu mundo, não posso me permitir ter uma falha no sistema. Se eu for pego por uma correnteza e estiver nadando contra ela, se minha frequência cardíaca subir ao ponto máximo e eu vomitar, eu provavelmente vou me afogar.

Quando estou em uma correnteza e não há ninguém por perto, não posso contar com ninguém para me salvar, porque não tem ninguém ali para isso. Nesse momento, eu tenho que me salvar sozinho. Se o meu sistema falhar, eu rumo direto para a morte.

Precisamos desenvolver uma habilidade mais alinhada com a forma como nossos sistemas funcionam naturalmente. Quer seja correr na areia ou respirar pelo nariz [em que o oxigênio é restrito e a frequência cardíaca aumenta], de 50% a 75% do meu treinamento são conectados ao coração por meio do aeróbico.

No XPT, em todo o trabalho na piscina você tem uma frequência cardíaca bastante elevada, porque tem exercício aeróbico elevado, então sempre que você obtém um padrão de respiração exagerado, o coração está batendo forte para fazer o sangue e o oxigênio circularem para alimentar os músculos, para alimentar o sistema. A água faz uma grande diferença – o ambiente da piscina, estar na água – ajuda seu sistema, seu coração e seus pulmões a se autorregularem e a encontrarem o seu ritmo.

As propriedades únicas da água permitem que o coração trabalhe com mais eficiência. A pressão hidrostática da água (...) ajuda o coração a fazer a circulação do sangue ao auxiliar no retorno venoso (fluxo sanguíneo de volta para o coração). Isso (...) é responsável por reduzir a pressão arterial e a frequência cardíaca durante os exercícios em águas profundas. (...) Como consequência, estima-se que sua frequência cardíaca tenha de dez a quinze batimentos a menos por minuto durante o exercício aquático em suspensão do que para o mesmo esforço aplicado em terra.

–P. E. DI PRAMPERO,
"THE ENERGY COST OF HUMAN LOCOMOTION
ON LAND AND IN WATER"

A estreita relação entre a respiração e o coração é uma coisa harmoniosa. O sangue flui porque o coração o bombeia, então o oxigênio é absorvido pelos pulmões; portanto, a frequência respiratória e a respiração estão diretamente conectadas à frequência cardíaca.

Assim, esgotar ou estressar o coração de forma artificial não é a minha praia, porque estou tentando criar um cenário de treinamento que seja realista em relação ao que eu vou experimentar.

Se eu estiver num mar grande, não vou sentir a frequência cardíaca mínima de um estado meditativo. O mero ato físico de estar em ondas gigantes vai exigir uma frequência cardíaca muito alta para a qual eu preciso me preparar, então uma técnica artificial de prender a respiração não vai me ajudar em nada quando eu tiver uma frequência cardíaca elevada – a menos que eu esteja treinando para algo que exija que eu prenda a respiração dentro de uma frequência cardíaca elevada.

No surfe de ondas grandes, o coração é tudo. Você pode senti-lo. Quando você está na onda, seu coração bate como um martelo. Vamos falar a verdade, esse troço é emocionante. Superemocionante, mas precisa estar sob controle. Você sabe o motivo disso estar acontecendo. Tem uma onda pela qual você esperou e treinou a sua vida inteira, e o seu coração estará na boca quando ela vier.

Tudo está ligado. O simples esforço físico desse momento já é elevado, mas é mais do que isso.

Sua frequência cardíaca pode ser apenas a empolgação de voltar para o pico e pegar outra onda – toda a expectativa de pegar uma outra onda te faz ficar acelerado.

> Os surfistas profissionais, ao surfarem ativamente uma onda, mantiveram (...) um dos mais altos e prolongados níveis de frequência cardíaca [para uma atividade de resistência] (182±1,1 batimentos/min. durante três horas de surfe extremo).
>
> —WILLIAMS, BENGTSON, STELLER, CROLL E DAVIS, "THE HEALTHY HEART: LESSONS FROM NATURE'S ELITE ATHLETES"

CORAÇÃO

Posso usar técnicas de respiração para ajudar a diminuir minha frequência cardíaca e também repor meu oxigênio. Dentro d'água nos beneficiamos de técnicas de respiração que podemos usar para ajudar a reduzir nossa frequência cardíaca rapidamente – nos acalmar.

No meu mundo, essa é uma habilidade que você precisa desenvolver. Você precisa saber o que o seu corpo deve fazer quando você levar um caldo. Você é atingido por uma onda e jogado para o fundo. Os mecanismos de autodefesa do seu corpo entram em ação: há uma ameaça presente. Existe risco. Existe perigo. Você é um organismo. Você pode se afogar na hora. Portanto, você precisa se preparar para garantir que os mecanismos certos entrem em ação.

A onda vem. Você é derrubado. Há duas coisas que precisam acontecer. Você tem uma frequência cardíaca superalta, então você precisa rapidamente se acalmar – relaxar tudo, se aquietar. E precisa tentar baixar a frequência cardíaca o mais rápido possível. Não use muito as pernas, a menos que seja realmente necessário. Não lute enquanto a onda te carrega. Fique o mais calmo possível para aproveitar ao máximo o oxigênio que está em seu sistema.

Então, no treinamento, vamos da velocidade e nível totais, no nível máximo de frequência cardíaca, para a quietude, para tentar diminuir os níveis o mais rápido possível, a fim de conseguir bastante retenção, porque se você continua lutando, mantendo a frequência cardíaca acelerada, o oxigênio pode ser consumido instantaneamente.

Essas são formas de ação que o organismo conhece. São todas respostas que estão programadas em nós, coisas que penso que sabemos e fazemos de maneira inata. Agimos assim instintivamente, porque a capacidade do corpo de acessar esse tipo de autoproteção é composta por respostas autônomas – vão além de nossos reflexos conscientes. A resposta está na palavra "auto" – as coisas ativadas de forma automática.

Existe uma maneira certa?

Acho que você desenvolve diferentes padrões, diferentes habilidades e diferentes técnicas, dependendo daquilo a que você é exposto – habilidades e respostas necessárias para sobreviver à situação.

Em certo nível, acho que o relacionamento com seu coração e a capacidade de criar uma percepção de como você pode influenciar o seu sistema autônomo, uma habilidade de tomar decisões por ele, torna-se algo como uma percepção consciente.

Obviamente, existem maneiras pelas quais podemos, às vezes, induzir a resposta do sistema autônomo por meio de técnicas manuais, mas elas não são puras. Em uma situação forçada ou cultivada, você não tem todos os elementos de que precisa para que a resposta autônoma seja acionada em seu sentido mais puro.

Se eu não estiver levando caldos em ondas grandes, meu sistema autônomo provavelmente vai ter um tipo diferente de resposta aos acontecimentos, mesmo quando eu forçar meu coração em um ambiente de piscina.

Você pode ter respostas autônomas criadas em ambientes controlados, mas sinto que, para desencadear a profundidade real da resposta autônoma, você precisa ter o cenário completo. É isso que dá ao organismo as informações necessárias para acionar o interruptor. Dá contexto. Tenho a sensação de que sou capaz de fazer coisas no mar e nas ondas que simplesmente não posso ou não consigo fazer em qualquer outro lugar, mesmo que eu tente.

Pode ser apenas pela minha capacidade de ficar mais confortável nessa situação do que as outras pessoas. Todos podem entrar na piscina. Todos podemos fazer o mesmo treinamento em que basicamente tudo é igual, mas então você vai para o mar – entra em uma situação que eu, como organismo, conheço intuitiva e instintivamente – e isso tem um efeito diferente no meu sistema autônomo, e eu respondo de maneira diferente.

Sabemos, é claro, que podemos desenvolver partes dessas habilidades e refinarmos nossa técnica, mas isso faz parte de um sistema orgânico complexo, altamente desenvolvido. Um sistema que foi aprimorado ao longo de milhões de anos. Fomos "criados" em um ambiente onde a ameaça era uma condição natural para nós. Uma existência natural.

Se você pretende ligar os interruptores, no fim das contas, parte do que você precisa é a verdadeira ameaça. Enquanto organismo evoluído, você aciona uma marcha diferente quando experimenta uma ameaça verdadeira – muito mais do que quando você tem a ameaça em um ambiente previamente preparado.

Seu sistema autônomo é projetado para dar o máximo quando há uma ameaça externa real. Todos os nossos sistemas sensoriais, todos os sistemas de alerta precoce que temos são ajustados e programados para reconhecer a verdadeira ameaça e responder a ela.

Seu sistema não vai te abandonar quando a ameaça for externa – você não tem essa opção, porque não há opção.

Eu sei que existem práticas que melhoram a sua técnica, para aprimorar ou influenciar a resposta autônoma. O trabalho que fazemos no XPT é projetado para isso.

Usamos a mente como uma chave de controle. Muito do trabalho está na mente, portanto, as ações que realizamos fazem parte do papel da mente de estressar o sistema. A dificuldade mental de se sentar no gelo e ali permanecer, a tarefa mental de prender a respiração embaixo da água usando pesos. Muitas dessas coisas são mentais – são atos físicos, mas são atos físicos para induzir estímulos mentais.

E são lindos. Seu choque dentro do gelo, seu desconforto com o calor, seu medo na água, seu pânico de respirar. Tudo isso é lindo porque vai induzir a transformação – esse pânico e esse choque são um convite à transformação. Você vai despertar os sistemas, despertar o organismo.

Por mais variada que seja a capacidade de cada um ao chegar à piscina, quando todos estiverem "acordados", não estaremos tão distantes uns dos outros.

Algumas pessoas tiveram mais exposição; elas já foram expostas a ambientes que podem tê-las "ligado" um pouco – ou muito.

Podem chegar com a consciência da respiração. Podem ter uma ligação com o calor, podem ter uma relação com o gelo. Se você se sentir confortável na água, não terá o choque com ela. Se passar algum tempo no gelo, não terá o choque com ele.

Portanto, nós buscamos o choque – os pontos de estresse – para ajudar o organismo a acordar.

Se você não passou nenhum tempo naquele gelo, ao entrar você tem uma resposta autônoma imediata: sair. BANG! O choque te atinge e você simplesmente começa a hiperventilar. Você quer sair daquela coisa porque o sistema sabe que é perigoso. Seu organismo altamente evoluído reconhece a ameaça – água congelada é igual a insuficiência cardíaca – falha no sistema. *Este é um ambiente ruim.* Isso não difere de qualquer outro estímulo de ameaça. Eu vejo uma aranha. Eu vejo uma cobra. Minhas respostas evoluídas em alerta às ameaças e avessas ao perigo me dizem: "Essas coisas são perigosas; afaste-se delas".

São ameaças que têm sido bastante eficazes em prejudicar o organismo ao longo de nossa vida evolutiva como espécie, portanto respondemos a elas automaticamente.

Essa é a parte mental do coração, do exercício aeróbico e do treinamento de resistência. Uma vez que você para e passa por cima dessa resposta de fuga imediata, seu organismo acelera uma marcha. O organismo pensa: "Ok, bem, não vou sair do gelo. Embora esteja hiperventilando e isso normalmente fosse me tirar daqui, agora não estou, então agora você me pegou. Eu vou me recompor. Tenho que sobreviver aqui. Tenho que regular os hormônios. Vou reduzir todas as taxas. Vou levar o sangue para os órgãos. Vou apenas lutar e fazer todas as coisas que preciso fazer agora para suportar este ambiente."

Quando não reagimos à primeira resposta de autodefesa, *saia da água gelada*, passamos então para a segunda resposta, que é a de nos organizarmos para suportar a permanência naquele ambiente. É aqui que toda a transformação acontece.

Mas se eu quiser apontar para um foco enquanto organismo, tudo se volta para o coração. Estamos servindo ao coração em tudo o que fazemos. Quando eu digo: "Respirar pelo nariz vai ajudar você a superar", quero dizer que vai diminuir sua frequência cardíaca. Nós respiramos para acalmar o coração.

Portanto, tudo está conectado ao coração, porque o coração é básico. Tudo está a serviço do coração. Até mesmo o nosso intestino – e o seu papel central de liberar os resíduos do nosso organismo – em termos primários é para mim o coração. E há um bom motivo para isso, enraizado em nossa evolução, na forma como nos desenvolvemos enquanto espécie.

Houve um tempo em que você conseguiria passar por todos os tipos de outras situações. Você poderia levar uma forte pancada na cabeça e ter danos cerebrais, mas ainda assim sobreviver. Porém, se você tivesse algum problema cardíaco grave, não sobreviveria. Você pode ter meio pulmão e sobreviver de alguma forma, mas não pode ter meio coração.

Nosso coração é uma peça primordial do organismo. Nossa sobrevivência depende dele. Não apenas mecanicamente. É uma peça muito maluca de engenharia. É algo incrível. O coração está "conectado". E ele nos conecta. A nós mesmos, àqueles à nossa volta.

Nosso coração está conectado à nossa intuição e aos nossos sentimentos. O que aparece em todo cartão de Dia dos Namorados? O amor e o coração. Não é apenas invenção da Hallmark. Eles imprimem essas coisas porque nós acreditamos nelas. E acreditamos porque é verdade. A razão pela qual um coração simboliza o que é ser humano é porque ele reúne os dois lados de nós – ele é o que conecta a ciência e o espírito.

Muito mais que uma bomba mecânica, o coração funciona como um órgão sensorial e como um complexo centro de codificação e processamento de informações. Uma pesquisa inovadora no campo relativamente novo da neurocardiologia [pelo pesquisador pioneiro doutor J. Andrew Armor] demonstrou que o coração tem um extenso sistema nervoso intrínseco, que é suficientemente sofisticado para ser qualificado como um "pequeno cérebro" próprio. (...) Contendo mais de 40 mil neurônios, seus circuitos complexos permitem sentir, regular e lembrar.

> Além disso, o cérebro do coração pode processar informações e tomar decisões sobre o controle cardíaco de forma independente do sistema nervoso central (Armour, 2003; Armour & Kember, 2004).
>
> —MCCARTY, ATKINSON, TOMASINO & BRADLEY, *THE COHERENT HEART: HEART-BRAIN INTERACTIONS, PSYCHOPHYSIOLOGICAL COHERENCE, AND THE EMERGENCE OF SYSTEM-WIDE ORDER*

Hoje em dia, certamente podemos fazer coisas incríveis. Podemos transplantar corações mecânicos, costurar e emendar pedaços deles em nós. Talvez seja por isso que, quando alguém está em coma, ficamos tão emocionalmente destruídos. É confuso.

Eu sempre conectei de forma tradicional o coração e a respiração à vida. Se o seu coração não está batendo, você sabe que está morto. Então você passa para a outra parte – a consciência. O sistema está funcionando e o coração consegue realmente manter o corpo vivo sem o cérebro, mas o espírito, a alma, eles não estão lá.

Eu vivi isso com a minha mãe.

Então eu entendo como o cérebro age em nós. E eu entendo por que em nossa era computacional o cérebro é tudo. O cérebro calcula muito facilmente se você estiver enxergando o mundo por meio de algoritmos, mas a consciência não é o cérebro. A intuição não é o cérebro. Essas coisas estão em um nível totalmente diferente.

A intuição é uma maneira pela qual o nosso ser inconsciente se coloca em nosso mundo consciente. É como um intérprete para o organismo, pois transforma todas essas informações e atividades invisíveis em algo que podemos compreender e com as quais podemos fazer alguma coisa. Há mais em nós do que apenas um cérebro conectado a uma máquina de proteína.

Talvez, quando você ouve sobre tais conceitos, esses eventos de que alguém esteve em coma, com morte cerebral – sem sinais vitais, sem respostas, sem nada –, e então se recuperou, você se questiona.

Quem vai saber? Será que era o "pequeno cérebro" de que tanto falam que estava trabalhando esse tempo todo? Coletando dados; sentindo; funcionando? Segurando as pontas ali dentro enquanto o cérebro se desmanchava. Ou se consertava?

Acho então que superamos a velha ideia mecânica do coração como uma bomba, uma peça de encanamento. Há muito já a superamos. Então agora estamos, tipo, de volta para o futuro. O futuro da medicina do coração será muito mais extenso, muito mais amplo.

Todo esse papo sobre alma, espírito e sentimento, e a ciência de sermos um organismo, passarão a fazer sentido.

Você sabe qual é o sentimento de ter um coração partido, não sabe? Você conhece essa sensação, você sente a dor com muita clareza. A perda. Todos aqueles sentimentos, memórias, sensações e intimidades. Todas essas coisas. E onde é que dói? Bem aqui. O coração é tudo. É como um grande cruzamento.

Sentimos as coisas em nosso coração não apenas por motivos emocionais. Nós fisicamente "sentimos" coisas no coração, porque ele está respondendo a tudo ao nosso redor. Sim, ele está no comando do navio, mantendo-nos vivos, mas ele nos mantém vivos por um motivo muito maior. Nós sentimos por causa dele. É como um farol e uma bússola presos um ao outro. Existe um campo eletromagnético ao redor do coração humano. Um campo que reconhece, responde e interage com outros campos. Outros corações. Isso não é um papo sentimental: está enraizado na ciência do ser humano.

> O coração gera o maior campo
> eletromagnético do corpo (...), cerca de
> sessenta vezes maior em amplitude do
> que as ondas cerebrais registradas em um
> eletroencefalograma (EEG) (...) e pode ser
> medido a vários metros de distância do
> corpo. (...) [E] é possível que os sinais
> magnéticos irradiados pelo coração de um

```
indivíduo influenciem os ritmos cerebrais
de outro.
```

—Rollin McCraty,
"The Energetic Heart: Bioelectromagnetic Communication
Within and Between People"

O papel do coração como ponto de encontro entre o nosso eu físico e metafísico é coisa antiga. Existe uma razão para essa crença estar no cerne de quase todas as civilizações. Sabemos disso intuitivamente. E é a isso que me refiro quando digo que ou tudo se resume à matemática, ou é algo que talvez nunca saberemos. E tudo bem, mas é algo real.

Coisas acontecem entre as pessoas, e entre as pessoas e os ambientes. E a energia está no centro disso tudo. E bem ali, no centro dessa energia física, está o coração.

Você sabe quando todas essas coisas estão acontecendo no centro da Terra. Campos eletromagnéticos, pulsações e ondas em grande escala. E se essa é uma energia que outras criaturas podem sentir e às vezes enxergar, aqui na superfície ou no fundo do oceano, bem, o oceano é um grande supercondutor. Essa água está viva por causa disso.

Por que eu sei disso? Porque meu instinto me diz que é verdade. Quando eu entro no oceano, algo acontece. Meu coração está no centro dessa sensação. Entre em uma onda e você sentirá uma intimidade além da explicação. E é mais do que apenas a experiência e a emoção de estar dentro de um túnel vivo de água – é uma troca de energia.

Os antigos entendiam dessas coisas. E então obtivemos conhecimento, e quanto mais conhecimento adquirimos, mais nos afastamos da visão antiga do coração como o centro de tudo. Nós passamos a ter o cérebro como mestre. "Olhe para nós. Nós somos humanos. Veja o tamanho e a capacidade do nosso cérebro." Deixamos o ego nos desconectar. Nós perdemos o coração de várias maneiras.

> A palavra havaiana para o coração, *pu'uwai* – literalmente "pedaço de água" –, refere-se ao antigo conceito polinésio de coração como a representação da matéria-prima (pedaço) das fontes de energia básica de sustentação da vida (água).
>
> –PAUL PEARSALL,
> THE HEART'S CODE

Por isso que dizemos, em inglês, "That guy's got heart" quando nos referimos à capacidade que alguém tem de ir além.

Há uma razão pela qual, quando nos referimos aos fundamentos, ao foco absoluto de alguma coisa, dizemos "para chegar ao coração" daquilo, porque, como organismos, é isso o que entendemos por meio da experiência, que o coração é algo central e primordial, o que tem se comprovado com o tempo.

Ao final de uma longa corrida, você está correndo com o tanque vazio, você está perto do fim e seu cérebro só quer parar, mas é para o seu coração que o seu foco se dirige, aquela reserva final à qual você recorre – você se agarra ao coração. É isso que faz com que você se destaque em meio a todas as pessoas que contam apenas com a habilidade de dirigir, correto?

O seu relacionamento com o coração é crucial. O coração de uma pessoa é o centro – é o seu núcleo.

Tudo está conectado a ele, a serviço dele. Há uma razão que vai além da mecânica. Essa oxigenação e o fato de que você pode controlar sua frequência cardíaca – ao diminuir a respiração, a sua frequência cardíaca diminui –, tudo isso está a serviço do núcleo do organismo. O principal governante.

Os pulmões e o coração possuem uma relação singular, diferente da de quaisquer outros dois órgãos. Sim, os outros órgãos se relacionam com o coração porque são alimentados e mantidos por ele, mas a relação entre os pulmões e o coração é muito especial.

Quando penso nessa relação, penso no coração como o governante e nos pulmões como os agentes de cura. O coração tem sempre um papel central, mais do que qualquer outro órgão, para o nosso bem-estar físico e emocional. E eu tento respeitar essa condição, não só na forma como treino, mas também na forma como se dão os meus relacionamentos.

Minha vida pessoal, meu relacionamento com a Gabby, com as crianças, com meus amigos, com os caras da piscina. Isso é tão importante para a saúde do meu coração quanto o meu treinamento XPT na piscina.

[Na cultura havaiana e nos sistemas de crenças, o coração reside na alma inferior – o *unihipili*.] O eu básico de fato controla o corpo: a musculatura, os órgãos internos, os cinco sentidos e o sistema nervoso autônomo. Ele é a sede das emoções, memória, instinto e sobrevivência. (…) Ele também fornece informações sobre o próprio corpo por meio do nível de energia, da frequência cardíaca, da temperatura, do prazer e da dor. Ele utiliza a força vital, ou *mana*, para realizar todas essas funções.

–Charlotte Berney,
*Fundamentals of Hawaiian Mysticism*

Essas coisas precisam ter o equilíbrio certo. Se for apenas condicionamento físico ou exercício, você estará perdendo algo fundamental, bem aí.

É por isso que dizemos que o XPT é um estilo de vida – não apenas *fitness*. Sim, é condicionamento físico, tem exercícios, mas há uma conjunção de fatores. Existem todos esses elementos que extrapolam, e muito, o condicionamento físico e o exercício. Em última análise, é estilo de vida – o que significa que é sobre como viver a sua vida em um estilo no qual ela esteja conectada a tudo – ao seu sistema autônomo, à sua mente, ao seu coração – esteja conectada a todas essas coisas.

É esse lance de família, da *'ohana*. Suponho que criamos isso em nossas vidas, incluindo a tudo e a todos. Ter um senso de família e de como isso é importante. A forma como cuidamos uns dos outros, como trabalhamos juntos e a vida que construímos.

> Acho que é uma coisa difícil para ele, acho que ter três filhas que você simplesmente não consegue controlar e lidar com situações que você sabe que são de partir o coração, eu vejo o Laird sofrer por não poder resolver isso.
> A primeira reação dele é simplesmente ir em frente, tipo, "Ok, vou dar um jeito", mas ele não consegue. É bem espantoso, mas acho que ele fica com o coração partido. Eu realmente acho que ele fica com o coração partido. Acho que ele sente as coisas mais profundamente do que a maioria das pessoas.
>
> –Gabby Reece

E você não faz isso em isolamento. Somos criaturas sociais. Nós evoluímos uns com os outros. Juntos. É assim que temos evoluído como espécie. Eu não posso estar completo se não cuidar de cada raio da roda – as pessoas que amo, meus amigos, minha comunidade, meu povo. Se meu coração e minhas emoções não estiverem recebendo tanta atenção quanto meu corpo, estarei incompleto. Os raios da roda estarão incompletos. E se eles estiverem incompletos, a roda simplesmente desmonta. É aquela coisa do "pequeno cérebro". Tudo está conectado. E o coração está no centro.

> Para ser um guerreiro, é preciso realmente ter compaixão. Laird tem isso de sobra. Se alguém precisa de ajuda, ele nem questiona – é isso que você faz. Se alguém está ferido, ou sofre, ou acontece algo, Laird sente – e ele também sabe ser um idiota! Ele pode ser insensível e, às vezes, se sentir que você tem uma fraqueza, ele vai atacar isso – se for algo que ele não entende ou pelo qual não sente conexão. Às vezes ele diz coisas que são muito desconfortáveis, muito francas. Ele não se contém.
>
> —GABBY REECE

Muitos caras são do tipo, "Ei, eu sou o macho alfa, certo? Eu sou o cachorro grande." E se você diz a eles algo que envolve sentimento, expressa alguma emoção real, algo profundo, o olhar deles parece dizer algo do tipo "Hein? Estamos mesmo falando sobre esses assuntos?" Sentimentos são como criptonita para caras assim. Eles consideram demonstração de fraqueza; mas, para mim, não é fraqueza. Para mim, negar os próprios sentimentos é uma má estratégia de sobrevivência. É uma estratégia ruim para vencer.

Um dos meus livros favoritos, *Natural Born Heroes*, de Christopher McDougall, cita o que seria a maior marca de um líder: a compaixão. Não é coragem nem força. Não é resistência, mas compaixão. Aí está o coração, no centro disso.

Você pode ser o maior e mais sinistro sujeito, mas se não tem compaixão, você não tem nada. E a compaixão exige consciência. A compaixão exige coração.

Se você não *sente* e não *faz* com todo o seu coração, acho que vai fracassar, acho que vai perder. "Todo o seu coração" significa exatamente isso – por inteiro. O intuitivo, o emocional, o físico, o psicológico. Significa ter compaixão, sempre. Não precisa se esbaldar nela, mas é necessário tê-la. E isso é coragem. Mostrar compaixão, trazê-la até mesmo às situações mais difíceis: você precisa ser corajoso. Você tem que, primeiro, seguir o seu coração. Coloque-o para fora. De forma crua. Verdadeira.

> Não sei se você percebeu, mas o Laird tem olhos incrivelmente femininos. Bem femininos. São altamente sensíveis. Quer dizer, eles podem ser como um animal selvagem, mas ainda assim são muito femininos, e para mim isso sempre mostra o quanto é desenvolvido esse lado do espírito – o lado emocional. E ele é muito mais sensível do que eu. Ele é o mais grato de todos.
>
> –GABBY REECE

Então, no fim das contas, exercite-se e viva como quiser que isso vai te ajudar. Para mim, isso teve um efeito – a fisicalidade extrema –, mas, no fim, é muito limitante. E não é real.

Você precisa de profundidade. Uma profundidade emocional. Vejo pessoas passando por nosso programa XPT e sendo profundamente afetadas. Você vê a transformação. Você vê o rosto delas dizendo: "Eu entendi. Eu acordei." Agora, o que você vai fazer com o seu novo eu depois de acordar o organismo é da sua conta, esse é um assunto seu, mas nós teremos te ajudado a descobrir aquela parte sua que estava adormecida – ou talvez você a estivesse usando, mas sem ter entrado em contato com ela de forma tão profunda quanto poderia. Como eu disse, algumas pessoas chegam com alguma noção do que têm na bagagem, outras não.

> Me surpreendeu o tamanho do afeto do Laird. Eu enxerguei uma grande gentileza.

> Eu penso sobre o curso e a quantidade de amor que existe lá, como quando Laird diz: "Olhe para aquela piscina. Ela está cheia de *mana* [a força vital no misticismo havaiano] – você simplesmente se sente bem ali – nós a enchemos com *mana*." Será que existe uma realidade física que transforma aquela água, ou é mais o espírito das pessoas na piscina?
>
> –RANDALL WALLACE, ROTEIRISTA E PARTICIPANTE DO XPT

As pessoas que treinamos vão se aprofundar mais e continuar a aprender, continuar a evoluir, continuar explorando a si mesmas. Assim é o XPT, uma exploração completa de si mesmo. Sim, nós fazemos exercícios de respiração, aeróbicos, hidrostáticos, além de treinos na sauna e no gelo, mas também fazemos atividades comunitárias, como apenas estar juntos e ficar na natureza – e temos palestrantes que nos dão as informações e a inspiração para buscar outros aspectos da nossa vida e de nós mesmos.

Exploramos a nutrição e a hidratação e todas as outras ferramentas que você precisa para ajudar o coração – para continuar a servir o coração em todas as suas dimensões, não apenas com alguns exercícios físicos.

Prestamos um serviço ao coração com o nosso comer, com os nossos pensamentos, com a nossa respiração, com o nosso calor, com o nosso gelo, com a nossa natação, com a nossa corrida. Com tudo.

Porque é o coração que governa, certo?

CORAÇÃO

## EMPREENDENDO COM OS PÉS DESCALÇOS

# O coração e o poder do porquê

Se você estivesse à procura de um alvo em relação ao ponto de inflexão entre sucesso e fracasso nos negócios, o porquê é um bom lugar por onde começar.

As empresas orientadas por uma missão citam a clareza de propósito – para além do balanço patrimonial e das naturezas material e física da operação da empresa – como o único fator definidor de sua prosperidade contínua.

Saber o que te faz acordar de manhã e por que você faz o que faz pode criar uma mudança de paradigma no foco, no desempenho, na cultura e nos resultados, tanto para o empresário individual quanto para o conselho executivo de uma grande empresa.

O propósito cria clareza em torno de tudo, desde a inovação e o RH, até a eficiência operacional e a percepção do cliente. É uma estrela-guia para todos seguirem.

Aqui, Laird e Gabby falam sobre por que conhecer a si mesmo – e ter clareza de por que você faz o que faz – é a maior fonte de resiliência em qualquer negócio. Eles discutem também os benefícios e as recompensas que essa clareza pode trazer.

## LAIRD ၈၅၅

Tudo em que estou envolvido tem uma conexão bastante autêntica comigo.

Todos os negócios em que estou envolvido são um reflexo das minhas necessidades. São todos autênticos para mim. Se eu não for usar, vestir, andar, comer ou acreditar em algo, não estarei envolvido.

Todo o equipamento é baseado em acessórios que eu uso ou em outros que venho desenvolvendo para as pessoas usarem.

O XPT é meu estilo de vida, e tudo o que está ligado a ele é um reflexo disso, então cada coisa é autêntica. Não estou envolvido em nada baseado estritamente em investimentos financeiros. Se o objetivo é ganhar dinheiro, então você também pode fazer isso com as coisas nas quais acredita. Tudo em que estou envolvido tem a ver com saúde, bem-estar e ser ativo.

O GolfBoard, que projetamos com a BMW, é, na verdade, apenas uma maneira de tornar o golfe mais emocionante, mais interessante, algo que eu gostaria de fazer mais. Pegue uma prancha, coloque um motor nela e estará surfando num campo de golfe.

Para mim, o negócio do GolfBoard é mais conceitual. Eu atuo como garoto-propaganda, mas tenho uma participação mínima. Tenho um projeto de equipamentos voltado para as pranchas de remo e o meu novo eFoil; tenho o projeto Superfood; o projeto de vestuário; e então temos o XPT, que é o projeto de experiência de saúde e bem-estar, estilo de vida e condicionamento físico.

Tudo é um reflexo autêntico da minha filosofia – do meu estilo de vida. Em algum lugar de cada negócio estará o DNA das minhas crenças – caso contrário, eu simplesmente não faço. E isso inclui as empresas com as quais estou associado, como a Land Rover ou a Yamaha. Até mesmo os patrocinadores com quem colaboramos têm uma conexão autêntica comigo. Isso nem sempre está em um nível prático ou visível. Às vezes, pode ser apenas em um nível de filosofia corporativa.

Há uma falta de sinceridade no mundo porque muitas pessoas querem apenas fazer coisas. "Estou produzindo um dispositivo estranho para ganhar dinheiro", e então há toda essa desconexão de fazer as coisas a partir de um interesse deturpado pelo dinheiro.

Acho que todas as grandes ideias e todos os negócios de sucesso vieram da paixão genuína das pessoas por alguma coisa. Considere empresas como a Apple ou o Google – elas começaram com uma autenticidade real. Para onde elas vão a partir daí, e por que elas podem se perder no caminho, é uma outra questão – mas, no início, existe uma paixão autêntica, um sentimento genuíno.

CORAÇÃO

Se houver um propósito autêntico, será muito mais fácil ser apaixonado por ele. E você investirá tempo, fará o esforço necessário.

Ainda acredito que você pode fazer o bem e ter sucesso. Ganhe dinheiro, faça o bem. Como realmente fazer as coisas boas acontecerem para as pessoas através dos seus produtos? Isso costuma sempre acontecer com pessoas muito autênticas e fiéis ao que realizaram.

E por que você desperdiçaria sua vida fazendo outra coisa? Não há tempo suficiente durante o dia para desperdiçar com coisas que não são boas para você e nas quais você não acredita.

Você não tem tempo suficiente em uma vida para pensar que terá tempo de aplicar sua energia em algo que não traga algum tipo de benefício, que seja capaz de promover uma melhoria no mundo ou que apenas faça de você uma pessoa melhor.

O fato é que você se sentirá bem com as coisas – se estiver projetando o bem, você se sentirá bem.

Por exemplo, agora que existe um reconhecimento da minha marca, eu posso me dedicar à tentativa de produzir pranchas.

Mas precisamos de alguém que possa distribuí-las. Dessa forma, torna-se um negócio semelhante ao de vestuário, no qual precisamos de um parceiro estratégico que possa lidar com toda a infraestrutura e distribuição, porque construir esse lado do negócio requer experiência e habilidades específicas. Eu simplesmente não tenho os anos ou a experiência para fazer isso. É aí que você precisa ter foco e clareza; precisa se concentrar em seus pontos fortes e desde o início trazer especialistas para as áreas que você simplesmente não conhece ou que sejam seus pontos fracos.

Você tem que decidir. Certos negócios você pode construir do zero, como o Creamer para o Superfood, porque você pode construir a distribuição on-line.

Mas vai ser difícil distribuir pranchas por *e-commerce*. Você tem que aceitar que cada negócio tem complicações únicas devido à sua natureza.

E se você deseja administrar vários negócios, precisará dessa autenticidade para te levar adiante. Ela atua como uma espinha dorsal em tudo. Uma força. E você vai precisar dela, porque gerir vários negócios é algo muito exigente.

Cada negócio pode ter um parceiro estratégico diferente. Se você está fazendo GolfBoards para campos de golfe, não basta apenas projetar e fabricar as pranchas. Você precisa de vendedores para vender pranchas em campos de golfe e tentar conseguir campos de golfe que comprem. É muito diferente de ter a sua linha Creamer on-line, ou ter a Barneys cuidando do seu vestuário, ou ter a REI cuidando dos seus equipamentos. Ou conduzir pessoas em um programa de experiência de saúde e bem-estar.

O parceiro estratégico pode ser diferente para cada um desses negócios.

Às vezes, as pessoas pensam que apenas conseguir algum capital já é o suficiente. Capital pode ser suficiente se você tiver tempo e conhecimento; mas, com alguns desses projetos, você simplesmente não tem a possibilidade de esperar indefinidamente – em algum momento o produto tem que ser lançado no mercado.

E também depende da maturidade do negócio.

O GolfBoards é um negócio que sobrevive e está tentando se inserir no mercado de campos de golfe. Na verdade, estamos tentando desenvolver algumas pranchas diferentes para fora do campo de golfe, nos resorts, e pranchas de aventura, mas no estágio atual estamos fabricando no Reino Unido e é extremamente caro. Isso coloca o custo das mercadorias em um patamar realmente alto, o que limita o nível de entrada, então estamos procurando por novos fornecedores nesse negócio.

No momento, eu tenho mais coração e paixão pelo meu negócio de superalimentos, porque ele tem sido o mais bem-sucedido. Também sou apaixonado pelo XPT, porque promove um estilo de vida saudável e realmente tem um grande impacto nas pessoas, mas não tem o mesmo alcance do negócio de superalimentos. Este tem tantas possibilidades que podemos realmente ampliá-lo.

No fim das contas, se eu tenho algum sucesso e o negócio me beneficia, isso beneficia as meninas. Isso me dá a capacidade de estar

CORAÇÃO

lá para ajudá-las financeiramente, de uma maneira que eu não poderia se não fosse bem-sucedido, mas não estou dizendo que é *apenas* para elas, pois não estaria sendo honesto. É para nós – para mim e Gabby –, além de ser uma ferramenta para ajudar outras pessoas.

Para mim, negócios também significam crença. Não estou interessado em buscar coisas apenas pelo dinheiro. Estou interessado em buscar coisas movidas pela crença – isso faz parte da experiência de vida.

Se você acredita conceitualmente que é algo especial e tem essa crença, então o sucesso a solidifica; ele a confirma.

Um pouco como o *stand-up paddle*. Eu acreditava nele mesmo quando ninguém estava interessado. Agora todo mundo está praticando. É uma espécie de confirmação de que é algo especial.

Precisamos permitir que nossa intuição funcione. Tanto nos negócios como na vida. Precisamos permitir o curso natural das coisas.

O tanto de tempo e atenção que investimos em algo é uma prova do seu valor. As coisas que exigem mais tempo, que se beneficiam dessa maior dedicação, ficarão mais evidentes. Se você está investindo muito tempo em algo que não está dando certo, você deve se perguntar se esse é o melhor uso do seu tempo. Se não está pagando dividendos, você pode ter que questionar o volume de esforço investido.

Porém, mais do que tempo e esforço, eu vejo a necessidade de estabelecer prioridades claras. É meio óbvio, mas é o que eu preciso fazer. No meu mundo, na água, as prioridades determinam o sucesso ou o fracasso. Então você aprende bem rápido que elas não são só "legais de ter". Se você perder de vista suas prioridades no oceano, poderá rapidamente se meter em encrenca. Assim, não há diferença entre surfar na vida e surfar uma onda.

Portanto, coloco a saúde em primeiro lugar, mesmo em relação aos meus negócios. Porque, sem a minha saúde, todo o restante fica comprometido. Não posso fazer nada sem um nível ótimo de saúde, pois tudo está conectado. Meus negócios são uma extensão do que faço sobre a água e dentro dela. Portanto, as mesmas prioridades se aplicam.

Você ouve algumas pessoas dizerem: "A menos que eu possa colocar 110% em algo, eu não quero fazê-lo". É como a abordagem dura dos livros didáticos. "Negócios extremos." Dedicar cada hora, cada segundo ao negócio. Mas eu questionaria que cara tem esses 110%. Qual é a produtividade real resultante dessa perspectiva *workaholic*?

Se você não está realmente maximizando sua saúde, seu lado físico e seu estado mental, o número de horas trabalhadas que você colocar em um projeto será irrelevante. Eu prefiro quatro horas do melhor trabalho de alguém do que oito horas do seu trabalho meia-boca.

Essa é sempre a pergunta: quanto tempo você realmente precisa gastar em um projeto se esse tempo for usado de maneira inteligente e precisa? Se você realmente se preocupa com os seus produtos, a qualidade e o atendimento ao cliente, por que pagar menos dinheiro a pessoas com baixo desempenho por mais tempo de baixa qualidade?

Pague mais por menos tempo. Seja inteligente, mas isso também é mais do que inteligência.

É crucial respeitar o valor das pessoas. Se você deseja que as pessoas deem um passo além, o respeito é fundamental.

Certifique-se de estar cercado de pessoas de alta qualidade que te entendam, porque você vai precisar delegar de qualquer jeito. Não importa quem você seja, em alguma medida você terá que delegar – então, como você enxerga isso? E qual é o nível de trabalho das pessoas a quem você está delegando?

Você tem quinhentas pessoas operando a 75% ou cem pessoas operando a 150%? Você realmente sabe o que acha que sabe? E você faz tudo o que é possível fazer? Isso significa botar a mão na massa.

Muitas pessoas esquecem o que é cavar o poço. Ou nunca precisaram cavá-lo.

Continuo gostando de colocar a mão na massa só para me lembrar do esforço necessário para realizar uma determinada tarefa, e assim posso respeitar e valorizar as pessoas que estão fazendo isso.

E essa apreciação deve vir de uma posição de compreensão, em vez de apenas "Oh, sim, eu consigo entender o esforço necessário".

Bem, não, você não pode realmente entender o esforço disso até ir lá e fazer – então você está disposto a ir lá esfregar o vaso sanitário e dizer: "Uau, esfregar o vaso sanitário, isso exige esforço?" Faça você mesmo e poderá ter empatia pelas pessoas que o fazem.

E quando é pessoal, quando é autêntico e é seu, você não pode se dar ao luxo de ter a mediocridade das grandes empresas.

Tudo precisa estar superajustado. Todo mundo tem que estar supersintonizado. E acreditar.

Quer dizer, você dá uma chance às pessoas, mas sabe por instinto, sabe por intuição qual é o potencial delas. Não é preciso muito para entender as pessoas. Como é que costumam dizer? "Dê às pessoas que estão ocupadas mais coisas para fazer, porque elas estão fazendo coisas. E as pessoas que não estão ocupadas? Não lhes dê nada para fazer, porque elas não estão fazendo nada."

Por que as pessoas estão disponíveis? Porque não há mais nada acontecendo com elas – é por isso que estão disponíveis. Quando você é forçado a posições nas quais talvez tenha que delegar tarefas, a principal forma de tornar isso um sucesso é estar disposto a deixar as pessoas fazerem as tarefas da maneira delas, mesmo que você fosse fazê-las diferente.

E isso é um pouco do que você abre mão por não fazer por conta própria. Você vai pensar: "Eles não vão fazer como eu faço. Tenho que estar disposto a aceitar o fato de que eles vão fazer da maneira que preferirem."

Se você não gosta dessa verdade, vai continuar pegando outras pessoas que fazem de maneira diferente, até chegar a um ponto em que façam da maneira como você gosta. E a essa altura, você deve se perguntar se foi um uso inteligente do seu tempo e do tempo dos outros.

Acho que há muita sorte envolvida nas parcerias que você faz e em como elas se encaixam, porque uma pessoa em uma posição numa empresa pode ser a pessoa errada, e essa mesma pessoa em outra empresa pode ser a pessoa perfeita para a função. Assim, saber disso intuitivamente é uma verdadeira arte. É provável que as pessoas que alcançam grande sucesso possam sentir isso intuitivamente.

Quando essa intuição te deixa na mão, essa é a parte mais difícil. Ter que dizer às pessoas: "Ei, sinto muito". Essa é a coisa mais difícil de fazer.

Mas pensando bem, não é a coisa mais *destrutiva*. A coisa mais destrutiva de se fazer é deixá-los continuar – e não dizer nada.

Acho que às vezes as pessoas têm a tendência de não querer dizer nada e não ferir os sentimentos de alguém, mas isso compromete o sucesso de tudo o que você está fazendo.

É exatamente como num relacionamento. Você tem que ser capaz de falar de maneira franca com as pessoas, porque senão você vai perder o seu tempo e o tempo delas.

E tudo isso é apenas parte do cenário. Se vai entrar nessa, você tem que ter o coração para isso. Para tudo isso. O lado bom e o ruim.

## GABBY

O senso de propósito do Laird está presente o tempo todo quando se trata de surfar as ondas, com a nossa família e com o nosso relacionamento – mas obviamente é diferente nos negócios. O lugar onde ele tem 100% de certeza e se sente no comando, mesmo que tenha de esperar por isso, é no surfe.

Acho que, com as empresas, o propósito dele é menos íntimo, sabe, mas é tão produtivo quanto. E é constante. Sempre chega a um ponto em que terá uma ideia, de propósito ou sem querer.

Como o Creamer, que foi como um verdadeiro hobby de apreciar o café, além de estar conectado ao entendimento de que o café pode ser usado para melhorar o desempenho e a saúde.

Originalmente, quando isso começou, era apenas algo que o empolgava pela manhã. Depois que ele estudou e se aprofundou, ganhou bem mais importância. Começamos a importar grãos de vários lugares o tempo todo.

Podemos estar no lugar mais remoto com lama e chuva e ter lindos grãos chegando. É, portanto, um interesse e uma paixão realmente genuínos. E depois, como virou algo voltado para o desempenho e o que ele estava ingerindo para o seu corpo, foi se tornando uma história ainda mais importante para o Laird – e de repente surgiu um negócio.

Não tem meio termo com o Laird. Quando ele precisa dar as caras nos negócios, ele sempre dá um algo mais – em qualquer situação, seja numa sessão de autógrafos ou no XPT. Laird não consegue se conter. Ele sempre vai dar tudo o que tem, mas não peça a ele para fazer isso o tempo todo, a menos que seja surfar nas ondas ou estar com a família. Ele sabe que é isso que o alimenta. Ele é inteligente o suficiente para pensar: "Ok, digamos que eu renuncie parte do meu tempo de surfe, ou de estar no oceano, para desenvolver produtos, para construir um negócio monstruoso, para ganhar muito dinheiro; serei mais feliz?"

Ele sabe a resposta. Seu coração não estaria nisso. Então ele sequer é seduzido por essa ideia, porque eu não acho que ele se identifica em ser essa pessoa.

Ele é generoso em tudo. Pense no *stand-up paddling* – tendo existido ou não anteriormente, foi Laird que o trouxe para a era moderna, com equipamentos modernos.

Ele foi o cara, e realmente não o monetizou, pois, para ele, era secundário: ele só queria praticar o surfe de *stand-up paddle* e queria ter o melhor equipamento para isso.

Foi o negócio com o qual ele ganhou menos dinheiro, então é um exemplo interessante de como o seu desejo, o seu propósito, não é movido por questões financeiras.

Muitas vezes, quando ele faz as coisas é porque quer algo que não existe, ou algo que existe, mas não é bom o suficiente: é nisso que se resume. Com Laird, a inovação é impulsionada pela necessidade e pela função. Não apenas por algum tipo de vaidade.

Como quando Will, nosso parceiro na Laird Apparel, colocou um cordão de aço inoxidável nas bermudas. Foi porque é inovador e bacana?

Certamente, mas, para ser honesta, é principalmente porque Laird rasga todas as suas bermudas, e elas precisavam ser mais resistentes.

É realmente simples assim. A razão para construir as primeiras pranchas de *stand-up*? Ele precisava das pranchas e ninguém as tinha. A Quickblade fez os remos porque eles tinham que ser mais longos, porém mais leves – porque uma pessoa normal não conseguia carregar um remo comprido de madeira.

Então eu tenho que dizer que, no âmbito dos negócios, alguns são a expansão de uma paixão, alguns são o equipamento que Laird está procurando, e outras vezes eu quase diria que é o Laird formatando uma ideia, ou uma ideia chegando até ele.

Então é essa necessidade ou paixão que guia sua inovação. Um forte desejo. No entanto, eu diria que o outro lado disso, e esta é uma outra faceta do Laird, é que ele sente uma enorme satisfação em ver as pessoas amarem o que ele fez ou criou.

Outro dia, eu estava saindo da praia num local com surfistas de verdade – eram surfistas de alto rendimento, os melhores surfistas do mundo – e, quando estava saindo, passei por todas as caminhonetes e uma delas tinha uma prancha do Laird em cima. Eu continuei, e a próxima tinha uma prancha do Laird dentro, e depois outra, e mais outra.

Acho que, para o Laird, a ideia de ter pessoas chegando e dizendo o quanto gostam das suas pranchas, ou do Creamer, dá a ele uma verdadeira sensação de prazer em ter descoberto algo ou ter ajudado a descobrir algo. Ou ainda, outras pessoas dizerem "Eu realmente gostei" ou "Isso realmente me ajuda" ou "Isso me faz sentir bem".

Acho que ele sente muito prazer com isso porque, de certa forma, é a única maneira que ele tem de se conectar com a maioria das pessoas.

Entenda: Laird é, por vezes, relutante. Isso está ligado ao seu caráter desafiador, ao seu jeito "Eu não quero que me digam o que fazer".

É apenas algo inato, mas esse lado desperta alguma coisa nele. Existe um elemento criativo em empreender para criar algo que ele realmente gosta, e receber esse tipo de reação o deixa realmente pilhado.

CORAÇÃO

Mas fazer negócios apenas por negócios? Sem paixão ou coração? Ele não está interessado.

Ele tem muita humildade. Ele não vive em uma bolha. Ele está na lama; ele está dirigindo o seu trator; ele está sendo esmagado pelas ondas. Você sabe, Laird poderia ter uma plantação de dinheiro em seu quintal, e isso simplesmente não o tornaria diferente, porque é assim que ele é.

Recentemente, perguntei ao Laird: "Se a Nestlé ou alguém disser: 'Queremos comprar os seus produtos – vamos te comprar! Nós lhe daremos 100 milhões de dólares, só para você, e você receberá uma taxa de licenciamento para usar o seu nome no Creamer', você venderia todo o negócio? Ou você venderia uma parte menor do seu negócio e ganharia um pouco menos para poder se manter como proprietário, para garantir que você ainda estará envolvido no processo?"

E ele disse: "Sim. Vender uma parte. Permanecer envolvido." Eu já sabia a resposta, mas estava curiosa, porque acho que isso é algo importante para as pessoas – qual a posição delas nesse tema.

Especialmente agora, neste mundo de tecnologia e todas essas coisas malucas de unicórnio, onde tantas empresas estão sendo compradas por valores malucos – "Oh, eles a compraram por 1 bilhão, eles a compraram por 500 milhões de dólares".

É muito clichê, mas acho que as pessoas associam dinheiro e sucesso com felicidade, mas e depois? Então eu vendo o negócio que construí e começo a pensar: "Hum, o que fazer agora?" Se você construiu um negócio, provavelmente gosta de resolver problemas, criar coisas, colaborar, desenvolver projetos e tudo o que vem com isso. Tentar, falhar; tentar, ter sucesso.

Acho que isso, de certa forma, traz uma experiência humana muito mais rica.

O dinheiro é ótimo – é segurança, é oportunidade, é mobilidade, é liberdade. É tudo isso, mas acho que certamente o Laird está conectado o suficiente para saber que não vai resolver tudo.

Então você vê o Laird e pensa: "Oi, eu sou o CEO da empresa e ganho 25 milhões de dólares por ano", e o Laird diz: "Hmmmm". O que ele admira é: "Eu construí algo. Eu fiz algo."

Se você disser: "Eu construí este aplicativo e vendi a empresa por 2 bilhões de dólares", não acho que ele se interessaria. Agora, se você disser que o aplicativo recebe comida que não foi usada e a envia para pessoas que estão com fome, então ele poderá dizer: "Ok, agora estou te ouvindo". Mas se for um aplicativo que te oferece os melhores restaurantes em um raio de 6,5 km, não acho que ele se importe.

Não é que já não tenhamos convivido com pessoas que têm tudo – seja a fama, o poder, o que for. E você olha em volta e diz: "Ok, essa não é a resposta completa. Essas coisas não são um caminho para a plenitude."

Laird é uma pessoa inteligente e não acho que ele queira apenas ser identificado assim, como só um surfista. Existem outros pensamentos, outros interesses que acendem o seu coração. É lá que ele está.

## Trabalhe a sua empatia

Nosso coração é poderoso. E ele bombeia mais do que apenas sangue oxigenado. O coração está no centro de quase todos os sistemas de crenças desde que os humanos começaram a criá-los – era visto como nosso principal e mais poderoso nexo. Porém, nossa afirmação atual sobre predominância da mente, tanto como o incrível aplicativo da evolução humana quanto como o portal para a felicidade em potencial, nos afastou da primazia do coração. Tornamo-nos um tanto cegos às complexidades sublimes de seu funcionamento e seus efeitos. O coração se tornou uma máquina de bombear sangue que utilizamos numa aula de *spinning* ou em um treino cardiovascular. Mas, no que diz respeito a Laird, pensar dessa maneira é perder mais da metade do quebra-cabeça.

Laird tem um coração "grande", com base em quase todas as medidas que você quiser imaginar.

CORAÇÃO

Ele é muito claro sobre de que forma seu coração atua como um centro emocional na turbulência da vida. E permanecer fiel a isso é uma das coisas mais difíceis que podemos fazer.

Ao revelar que o coração é central para o nosso sistema autônomo, a ciência nos diz que é um elemento fundamental do nosso eu intuitivo – uma parte de nosso ser consciente e senciente.

A intuição é uma das facetas mais poderosas do nosso eu-criatura. A intuição carrega nossa existência. É uma das luzes internas que nos torna brilhantes no verdadeiro sentido da palavra.

Nosso senso de espírito e resiliência são alimentados diretamente pela intuição. Quando dizemos que alguém "tem coração", não estamos apenas dizendo que tem uma bomba valvulada que distribui sangue oxigenado por todo o corpo. Queremos dizer que a pessoa tem o espírito para perseverar e prevalecer, tem a capacidade de absorver a turbulência e a volatilidade, levar as pancadas sem perder o seu estado desejado. Em termos cotidianos, isso se traduz em: "Como faço para passar por um mundo de dor ou suportar condições emocional, física e espiritualmente extremas sem me perder ao longo do processo? Como mantenho meu senso de propósito desejado e defendo minhas crenças e valores em meio a uma tempestade? Como faço para absorver as pancadas e voltar a me erguer com a minha alma intacta?"

Se o coração não estiver ótimo, o sistema intuitivo também não estará. Se o sistema intuitivo está abaixo do ideal, estamos com baixo desempenho no nível consciente. Não temos a força espiritual e a resiliência para perseverar, mesmo se tivermos as reservas físicas de um titã. Perdemos a capacidade do nosso eu intuitivo que nos leva a permanecer – mesmo sob pressão extrema – como seres humanos atenciosos, cientes dos outros e do efeito e impacto causados a eles.

Então uma ideia que podemos tirar deste capítulo é que, ao estressar seu coração por meio do desempenho cardiovascular, Laird não está apenas buscando um desempenho físico ideal; ele também está buscando o seu eu intuitivo e empático ideal. Ele está exercitando sua inteligência emocional.

E os dois valores que parecem estar no centro da inteligência emocional são o **desempenho** e a **compaixão**.

## Desempenho

A parte cardiovascular está no coração do regime de exercícios de Laird. Como ele afirma: "Tudo está a serviço do coração". O que comemos, como comemos, como dormimos, quando dormimos, quem amamos, como amamos, como socializamos, o quão felizes somos em nosso trabalho, quão introspectivos e quão abertos. No entanto, o mais revigorante para o coração, em seu sentido mais pleno, resume-se não apenas à frequência e à quantidade dos nossos movimentos, mas em qual direção nos movemos.

De acordo com Laird, o exercício é sempre enriquecido e amplificado pelo contexto físico no qual ele acontece, pelo espaço através do qual você escolhe se mover. É difícil se sentir eufórico em uma academia ou área de treino interna, para além da endorfina da corrida, mas e se for em uma piscina externa, cruzando um parque, subindo uma colina, por entre a neve, ao longo de um caminho na encosta, por entre as árvores? O simples exercício cardiovascular de se mover através de espaços onde você "sente" o ambiente ao seu redor se amplifica, porque a expansividade do sentimento traz o eu intuitivo para o processo. Mover-se pela natureza, seja em terra ou mar, desencadeia em nós mecanismos mais profundos, que ajudam tanto a exercitar quanto regular o desempenho do coração. Para Laird, a atividade física do coração precisa ter contexto. Precisa ter um propósito. E precisa estar significativamente conectada aos outros aspectos do nosso sistema – o autônomo, o intuitivo.

Um coração funcionando no máximo de sua capacidade e potencial mantém Laird no auge da sua experiência, alimentando as partes do seu sistema que o mantêm consciente em um grau excepcional.

## Compaixão

Laird refere-se repetidamente à virtude da compaixão. É a mais significativa lição de um de seus livros favoritos, *Natural Born Heroes*. A liderança e o ideal heroico não são movidos por força, astúcia, discrição ou um QI

CORAÇÃO

tradicional, mas sim pela compaixão. Os outros traços são importantes no ideal heroico, mas a compaixão os supera. Ser capaz de permanecer compassivo – atencioso, empático e simpático – mesmo diante de extrema depredação, tirania, agressão, futilidade, fome, sede, medo ou, em última instância, da morte – requer uma resistência que poucos de nós afirmaríamos ter.

Quando Laird diz que alguém tem coração, ele quer dizer que tem todas as qualidades necessárias para exercer compaixão em toda e qualquer situação. Para Laird, isso é grandeza. E precisamos estar "ligados" para ser tudo isso de forma persistente. Para ter tudo isso, nossa intuição precisa estar preparada e ajustada para funcionar em sua capacidade máxima. Assim, nossa capacidade de compaixão está inseparavelmente ligada à condição física do nosso coração.

Se não temos um desempenho e uma compaixão nos níveis mais básicos, temos dificuldade em trilhar o turbulento caminho entre o caos e a ordem.

## 'OHANA

O desempenho é um traço adquirido na cultura havaiana, que valoriza tanto os empreendimentos individuais quanto coletivos de seu povo. É uma cultura do "fazer". De dedicação e propósito ferozes. 'Ohana, a família estendida, é a menor unidade cívica de ação coletiva nesse modelo de existência. As culturas polinésias tiveram que evoluir, sobreviver e prosperar diante de alguns dos maiores eventos climáticos e catastróficos da natureza – e fazer isso exige mais do que apenas um compromisso implacável: requer a capacidade de ter um alto desempenho contra todas as probabilidades. A volatilidade dessa realidade ambiental também cria uma base para a compaixão. Em ação na cultura havaiana, o gene egoísta já teria se extinguido há muito tempo. A evolução logo o teria descartado como inadequado. A cultura havaiana foi, por necessidade, baseada em um senso geral de cuidado mútuo – o compromisso compassivo de poder pertencer e coexistir frente ao poder maior da natureza. Ao observar as nuvens de tempestade e as névoas que se acumulam em torno dos picos que se erguem sobre o rio Hanalei, a verdade – das coisas maiores do que nós mesmos – se reafirma para qualquer um que decida esquecê-la. E a humildade exige compaixão. Se todos somos, de alguma forma, vulneráveis ou carentes, todos merecemos compaixão.

Indivíduos de alto desempenho com uma natureza compassiva e atenciosa são a base da 'ohana e da resiliência havaianas, em quaisquer tarefas escolhidas de ação no mundo. Vale a pena considerar isso com mais detalhes, independentemente de onde ou com quem vivemos.

## Um simples exercício para trabalhar sua empatia

Quando você se exercita, vale a pena se lembrar de qual efeito essa atividade de melhoria do desempenho causa em todos os aspectos do coração, não apenas no físico. Da próxima vez que você estiver se exercitando e começar a sentir a pele zunindo e a endorfina te atingindo, tente imaginar não apenas o sangue bombeando por suas veias, mas também o campo eletromagnético ao redor do coração se acendendo. Imagine esses 40 mil neurônios disparando. Imagine seu sistema autônomo sendo ativado, os interruptores sendo acionados e o seu eu consciente se abrindo mais e mais. Imagine o seu QE – quociente emocional – disparando, subindo três cliques; e então pense no que, ou em quem, você poderia apontar essa energia elétrica consciente. Desempenho e compaixão são a casa de máquinas da nossa civilização e da nossa excepcional existência. E o que está no centro dessa casa de máquinas? O coração humano. É hora de acendê-lo.

Como em todos os exercícios deste livro, você pode fazer isso não importando onde mora, quanto dinheiro tem e o trabalho que faz. Você não precisa de uma montanha para escalar, de um oceano para nadar ou de um rio para correr a fim de exercitar o seu QE.

Você só precisa de você, do seu coração e de um propósito compassivo. Uma maneira de fazer isso é combinar duas tarefas em um único exercício – uma física e outra emocional – e se dedicar a elas. Pense em alguém de quem você realmente gosta ou cuja companhia você aprecia – alguém que more a poucos quilômetros de você. Pense nessa pessoa e então faça duas coisas. Primeiro, trace o trajeto da sua casa até a dela, e, segundo, escolha o seu meio de transporte. Apenas uma condição: você não poderá utilizar aviões, trens, automóveis ou mesmo motocicletas. Qualquer transporte mecanizado está fora de questão. Você pode usar uma bicicleta, um skate, um patinete ou suas próprias pernas, seja correndo ou caminhando. A tarefa simples? Faça a viagem entre sua casa e a dessa pessoa uma vez por semana por um período mínimo de quatro semanas; e desafie-se a reduzir o tempo de viagem em 10% a cada percurso. Faça esse esforço. Deleite-se na companhia dessas pessoas com o coração aberto e os sentidos ativados. Ilumine a jornada para casa com o coração cheio de coisas boas. E repita. Exercitar sua empatia pode ser tão simples quanto isso.

# CORPO

> Se você tiver algo que torne o organismo mais forte, mais inteligente e mais saudável, isso vai influenciar tudo. Todos os aspectos da sua vida. O todo.
>
> —Laird Hamilton

Laird considera que somos um organismo incrível, capaz de perceber muito mais, tanto interiormente quanto em nossa conexão com o mundo ao redor. Isso tem menos a ver com alguma aspiração de nos tornarmos um ser elevado e mais com nos reencontrarmos com a criatura brilhante que já somos.

Em uma época em que a Inteligência Artificial e o aprendizado mecânico consomem os nossos pensamentos e cada vez mais os nossos empregos, compreender a totalidade do que significa ser humano – e entender como o nosso organismo é surpreendente – torna-se cada vez mais uma prioridade.

Questões de uma imortalidade fornecida por máquinas e a busca pela juventude permeiam nossa sociedade e nossa cultura.

Atualmente, buscamos nos transformar da criatura que somos na criatura que sonhamos ser; e ainda assim permanecemos incertos se esse sonho irá criar uma realidade desejável e uma existência significativa.

O que é ser humano ainda parece nos escapar.

Estamos nos afastando da criatura que somos e do mundo natural no qual passamos 100 mil gerações evoluindo, mas sem compreender do que exatamente estamos nos afastando.

Neste capítulo, Laird explora as matérias-primas da criatura que somos e como nos conectamos com nós mesmos e com o mundo ao nosso redor. Ele explora ideias e evidências de como chegamos até aqui, o que nossa existência significa para nós mesmos agora, do que somos atualmente capazes e que maravilhas ainda podem ser reveladas se apenas decidirmos tentar.

> Shigeru Miyagawa, linguista do Massachusetts Institute of Technology, sugere que, entre 50 e 80 mil anos atrás, os humanos mesclaram as expressivas canções dos pássaros com as comunicações informativas de outros primatas para criar a música única que é a linguagem humana.
>
> —JAY GRIFFITHS, "BIRDSONG"

## LAIRD

Dei uma palestra em uma pequena escola primária. Eu falei às crianças: "Escreva qual é a melhor máquina que você conhece. Qual seria a máquina dos seus sonhos? Qual seria a melhor máquina que você gostaria de ter?"

E alguns deles disseram avião e carro de corrida e todas essas coisas diferentes, e então eu disse: "Na verdade, você já possui a melhor máquina. É o seu corpo. É uma coisa incrível. Ele pode voar. Ele pode nadar. Ele pode correr. Pode fazer tudo o que consegue fazer. E qualquer máquina que você queira ou sonhe em possuir, o seu corpo também poderá operá-la."

Já possuímos a máquina mais grandiosa. Essa embarcação – essa coisa que carrega toda a nossa carga – é uma ferramenta que você pode moldar, aprimorar e atualizar. Você pode torná-la um pouco mais rápida, um pouco mais forte, um pouco mais inteligente.

Se você alimentá-la, poderá obter muito mais dela. Sua capacidade e aptidões são incríveis. Ela opera em silêncio, sem suporte. Funciona sozinha. Sem tomadas. Sem processadores. Alimente-a com comida e ela terá uma fonte de energia processada com mais eficiência do que a maioria das outras criaturas – e sob maior pressão. Ela pode curar suas feridas uma atrás da outra. Ela pode suportar os extremos de altitude e profundidade – ela absorve pressões e forças que muitas outras criaturas não conseguem. Ela pode absorver venenos. Ela pode se regenerar.

E se lhe derem alguma oportunidade, ela pode ser ainda mais incrível. Todos os dias há caras por aí provando que quanto mais testamos o organismo, mais ele se torna capaz – sozinho. Esqueça os acessórios superprocessados. O material computacional. Estou falando aqui no âmbito do organismo.

E qual a única coisa que o impede de fazer mais, de ser mais? Nós.

Se quisermos evoluir no nível do organismo, temos que aprender a sair do nosso próprio caminho. Precisamos aprender a parar de colocar coisas ruins como obstáculos.

Nós já equipamos nosso caminho com ótimas coisas. Abrigo. Aquecimento. Comida. Vestimenta. Linguagem. Mecanização. Tecnologia. E veja aonde isso nos levou, é incrível.

Mas temos que pagar um preço. Há uma troca aí. E acho que agora estamos começando a ter uma ideia do preço dessa negociação.

Então, talvez retornando a isso. Retirando coisas. Arrumando tudo. Explorando. Isso é uma aventura.

Nesse sentido, acho que minha relação com meu corpo é bastante aberta.

Parte disso é estar nu o tempo todo. Eu visto bermudas e é só, a menos que eu vá praticar *snowboard*, pois preciso ter um pouco de proteção. Passo boa parte da minha vida de bermuda de surfe, mas com roupas íntimas de qualidade, sem sapatos, sem camisa, e estou na água na maior parte do tempo.

Então minha sensibilidade ao ambiente e minha resistência à dor, por estar geralmente mais exposto e mais vulnerável, em casos como um dedo do pé cortado ou uma batida na prancha de surfe, me dão uma relação muito mais forte com o meu corpo.

Eu acredito firmemente no princípio do prazer. Prazer e dor (ou desconforto) precisam um do outro. Um não pode existir sem o outro. Você tem que estar aberto a ambas as experiências. A experiência de ambas na mesma medida é o que faz o todo. É algo meio fácil para mim pois estou mais exposto, e é mais provável que ambos entrem em ação em algum momento, às vezes simultaneamente, às vezes de forma sucessiva.

Quando o corpo é submetido a uma determinada experiência, ele atua como um canal para todas as coisas que a acompanham. E se estivermos abertos a elas e não nos escondermos, elas serão produtivas.

Elas são boas. Não importa qual. Qualquer sensação de prazer e qualquer dor são como uma carga de energia para o corpo e nós aprendemos com elas.

Você recebe tudo por meio do seu corpo, por meio dos sentidos – alegria, instinto, prazer, dor –, tudo passa pelo circuito do corpo. Portanto, a lógica simples é que quanto mais em contato você estiver com o corpo, melhor e mais produtivo será o relacionamento obtido com todas essas experiências, todos esses sentimentos.

Minha busca por entendimento tem menos relação com o "cenário maior" e mais com o ato de entender o receptáculo. Eu priorizo a compreensão – obter conhecimento que seja útil para o corpo, ou apenas para o bem-estar geral, a condição do organismo.

Meus ouvidos estão sempre abertos. Estou sempre aberto e ouvindo. E procuro garantir que esteja próximo a outras pessoas na mesma sincronia, que estejam buscando a compreensão, talvez de uma forma semelhante à minha, mas eu não quero ter apenas um monte de "Lairds" sentados, dizendo "Puxa vida, você sabia que..." Isso seria muito chato.

Então, entre a Gabby e eu, nossos amigos e nossos XPTeiros, todos nós estamos procurando e compartilhando coisas. Compartilhar é uma grande parte do que fazemos. É generosidade. Não somos egoístas a ponto de esconder o melhor livro ou o melhor especialista para que só nós tenhamos acesso. Nós pensamos: "Você já viu este livro? Viu isso aqui? Olha, um podcast sobre esse assunto. É a isso que você se refere?"

Todos nós estamos atrás de informações, correto? E há uma recompensa nisso. Eu sou um grande fã da intuição. Nosso instinto existe por uma razão. Confie, mas isso não significa trancá-lo em uma torre. É um músculo. Precisa ser alimentado. Atualizado. Ele precisa de uma atualização de tempos em tempos. E precisa ser colocado à prova.

E, muitas vezes, quando você se abre para isso, a maioria dos estudos científicos apenas confirma a sua intuição.

Todas aquelas vezes em que eu disse: "Eu tenho essa sensação" ou "Eu sinto isso" ou "Eu acho que isso acontece", acredito que muito do que eu intuo vai acabar sendo explicado pela ciência. Por mais louco que possa parecer o que eu "sinto", acredito que haverá certos protocolos científicos que acabarão explicando esses fenômenos. Haverá uma equação matemática para esse sentimento ou um dado empírico que o comprove.

Portanto, temos que pensar na intuição como parte da interface entre nós e o organismo. Há muitos processos altamente complexos acontecendo ali, alguns dos quais ainda além de nossa mais louca imaginação. Por mais avançada ou alucinante que você acredite que a ciência humana possa estar, ainda estamos muito no começo em alguns desses aspectos.

Sua intuição é a interface entre você e toda essa complexidade. Sua intuição está situada entre o seu consciente e o seu inconsciente. Só porque você não pode vê-la, ou porque ela parecer estar enraizada em algum lugar do seu subconsciente, ou apenas no limite da sua consciência, isso não torna sua intuição um vodu.

Nosso corpo passou muito tempo – milhares de gerações – verificando as coisas: observando, respondendo, reagindo, adaptando enquanto nos aclimatávamos a novos ambientes, lidávamos com novos riscos e novas ameaças. Fazíamos testes. Causa e efeito. Ação. Consequência. Avaliação. Repetição. Melhoria. Isso é evolução. E sua intuição é uma grande parte disso e de como você navega nesse percurso.

É o que nos torna brilhantes. É o que nos torna incríveis enquanto criaturas. Essa é a luz acesa. Consciente e inconsciente. A interface entre nós e a nossa ciência.

Portanto, quando você sente alguma coisa, algo, qualquer coisa, e mais tarde obtém os dados – as informações ou evidências formais –, muitas vezes esses dados vão apenas confirmar a sua intuição.

Então, confie na sua intuição, mas não se limite a ela. Teste-a. Alimenta-a. Exercite-a.

Estou sempre aberto a aprender e nunca penso em absolutos, porque você pode apostar que, quando alguém diz: "Este é o caminho, é por aqui. Esta é a resposta", essa resposta te levará apenas a uma outra questão maior; e a resposta a elas será colocada na pasta de lixo, junto com todas as outras bilhões e bilhões de respostas descartadas e absolutas que deixamos pelo caminho ao longo da trilha evolutiva.

Estou sempre aberto a tudo, gosto de me testar e de ser uma cobaia. Gosto de me sujeitar às experiências de outras pessoas e também de ter as minhas próprias. Gosto de ser um rato de laboratório. Gosto de experimentar algumas coisas, coisas novas. Um exemplo neste momento é meu novo protocolo com a minha sauna, inspirado em um podcast que alguém compartilhou comigo. O podcast focou em como as saunas, muito mais do que os banhos de gelo, ajudam o corpo a se recuperar após exercícios extenuantes e lesões, por causa da forma como obrigam o corpo a liberar proteínas de choque térmico. Estimulam os hormônios do crescimento. Estimulam e estressam o organismo de maneiras que o ajudam a se consertar. A mesma teoria da temperatura extrema do gelo, mas com todo um novo conjunto de coisas boas.

Então eu paro meu treinamento atual, o protocolo usual do gelo, e digo "Ok, agora eu vou fazer *isto*": sauna quente, períodos curtos em temperaturas muito altas, como 105 graus; então por mais tempo em temperaturas mais baixas; depois por mais tempo e em temperatura mais alta, quaisquer que sejam as variações. E vejo qual é o efeito disso em mim, na minha resistência, nos meus períodos de recuperação, e então, dependendo da legitimidade ou não dessa exploração, decido se vai se tornar parte do meu protocolo de vida. E eu não estou pressupondo nada.

Se for importante o suficiente, se tiver um efeito grande o suficiente, eu direi: "Sim, isso é comprovado. Isso é real."

Como agora, que estou na pós-artroplastia de quadril, então posso testar os limites da sua capacidade de melhorar a recuperação de forma significativa. O lance é esse. Testar. Comprovar. E então você poderá usar o método com conhecimento de causa.

Com a comprovação, estarei preparado para dizer às pessoas que eu treino e oriento: "Ah, sim, isso é legal; faça isso, é ótimo para a recuperação e você pode utilizar onde tem uma lesão". E eu posso dizer com propriedade.

E assim é com todas as lesões ou recuperações pós-treino, quando estamos continuamente estressando o sistema, estressando o corpo. Você está procurando um caminho melhor – um caminho que se torne uma fórmula técnica a qual você pode recorrer e dizer: "Há algo que você pode fazer para melhorar mais rápido".

Isso se torna parte do seu estilo de vida. Você aplica como em todas as outras áreas. "Ok, vou dormir e comer bem, vou malhar e vou para a sauna antes e depois de cada treino." Não é diferente do que você normalmente faz na sua vida cotidiana – com a comida, com o conhecimento. Você está tentando nutrir o sistema; mas, neste caso, isso pode ser intensificado e mais exagerado, porque você está em busca de recuperação e reparação, tentando realmente forçar os limites do corpo da maneira como que ele foi projetado para ser testado.

E o corpo responde a essas coisas, porque é para isso que fomos feitos. Foi assim que a evolução nos projetou. É por isso que sou uma cobaia. Fomos projetados para sermos testados de certas maneiras. É por isso que, na nossa melhor condição, somos tão adaptáveis e eficientes. Isso é resiliência, mas nós perdemos o hábito.

> Quando se fala em sauna e nos perguntam "Como você acha que isso funciona?", funciona em vários níveis - mas provavelmente o mais profundo deles é que estamos todos na mesma sala a menos de 2 metros um do outro, e não há nenhuma tecnologia ali, e ficaremos juntos pelos próximos 30 minutos conversando - algo que provavelmente não aconteceu com você o dia todo.

> –Kelly Starrett
> FUNDADOR DO CROSSFIT

Sempre uso a analogia da água, porque somos majoritariamente feitos de água. E a água sempre procura o caminho de menor resistência – sempre, não importa onde você a coloque. Pode ir para lá, mas logo volta pelo outro lado para, assim, evitar qualquer resistência.

E acho que temos algo embutido que nos faz sempre procurar o caminho de menor resistência.

Sempre que está frio, queremos calor. Quando está calor, queremos frio. E sempre queremos saber quanto tempo vai durar a corrida. "Até onde vamos correr hoje? Quanto já percorremos até agora?" Porque eu quero saber... porque meu corpo quer saber... eu quero saber como me dosar.

Sempre irrito a Gabby, porque nunca sou específico. Isso a deixa maluca.

"Vamos dar um passeio de bicicleta."

"Bem, para onde estamos indo?"

"Não sei."

"Qual vai ser a distância?"

"Não tenho certeza."

Porque não sei! Não vou poder pedalar indefinidamente, mas gosto de sempre colocar o desconhecido na jogada. É aí que objetivos indistintos são realmente valiosos; isso é o que eles te oferecem. O benefício está em não saber. O corpo não pode se adaptar – ele não pode se modificar –, ele tem que continuar se recalibrando, se reequilibrando, seguindo o fluxo. É um bom estresse simplesmente não dizer: "São 5 quilômetros de distância, ou 2 mil metros de altura, ou mil braçadas de comprimento".

Se você levanta pesos e continua adicionando peso para criar resistência, tudo bem, mas você desenvolve técnicas em certas coisas, e se você repetir a mesma rotina indefinidamente, mesmo com o aumento do peso, você obterá cada vez menos resultados.

Como em tudo o que fazemos – você corre todos os dias, corre 3 quilômetros; então você tem que correr 5 quilômetros; então logo você terá que correr 16 quilômetros, não importa até onde você chegue. Você não continua recebendo os benefícios que ganhou da primeira corrida, ou da segunda, porque logo você se tornou eficiente. O corpo é inteligente e procura um milhão de maneiras diferentes de diminuir o impacto, porque quer evitar o gasto de energia.

O corpo busca eficiência – ele quer alocar o mínimo de energia possível ao processo. É assim que ele foi projetado. Isso é o que a nossa evolução implacável trouxe para nós. Isso faz parte da sobrevivência – tornar-se mais eficiente –, então vamos colocar o mínimo de energia para ir do ponto A até o B.

Pela centésima vez, pela milésima vez, seja o que estiver fazendo, você será tão eficiente nisso que poderá fazer com os olhos fechados, de trás para frente ou com as mãos amarradas atrás das costas.

É por isso que eu procuro coisas novas, porque acho que elas têm a tendência de nos estressar com bastante facilidade, de uma forma que seja boa para nós, de uma forma que nos melhore.

CORPO

No XPT não queremos os atalhos; queremos
o caminho mais longo. E há um sentido real
nisso, em estar presente na experiência.
Essa é a dádiva que recebo. Começo a
amar a vida, adoro esses momentos, e há
muito ganho pessoal para mim ali. Quando
se está no mundo do cinema, como eu,
quase todos os encontros se transformam
em "O que será que posso te induzir a
fazer por mim?" Isso é diferente. Eu sinto
que tenho amigos. Estamos praticamente
expostos junto com aquele grupo e não
há como se esconder física, emocional,
espiritualmente; de forma alguma.

—RANDALL WALLACE

Em primeiro lugar, quando algo é novidade, não existe nenhum
conhecimento prévio, portanto, não há atalhos. Você ainda não pode
simplesmente aplicar uma estratégia de eficiência. Você talvez seja
capaz de implementar uma tentativa de algo novo, usando as habilidades que já possui, porque isso o levará de encontro a uma nova
barreira. Você terá maiores recompensas.

Observamos a curva de aprendizado, e todo grande aumento
ocorre no início. É por isso que nos certificarmos de que somos um
estudante, um novato, um iniciante em qualquer coisa, nos faz tão
bem. Remonta às ferramentas e estratégias que usamos para reter
nosso entusiasmo juvenil, reter aquele entusiasmo que você tinha
quando criança. "Ei, vamos tentar isso – isso é legal!"

Acho que é nessa capacidade de se maravilhar e de ser curioso
que obtemos as maiores recompensas. Acho que o encantamento
é um músculo que você deve exercitar todos os dias. Essa é uma
habilidade – a disposição de se sujeitar a coisas que você ainda não
fez, sem se preocupar com o que as pessoas vão pensar, sem se
preocupar se você não é bom naquilo, ou se vai pagar mico.

Passei uma vida fazendo coisas sobre as quais as pessoas simplesmente perguntavam: "O que você está fazendo? Isso é estúpido. Por que aquele cara está fazendo aquilo?" E eu simplesmente os ignorava e fazia – e cinco ou dez anos depois, eu os estava observando fazer aquilo, dava risada e dizia: "Sim, é uma baita idiotice, não é mesmo? Mas não é *bom* demais?!"

No entanto, não se trata tanto disso – de que, se você apenas experimentar fazer suas próprias coisas, as pessoas vão acabar aceitando. É mais sobre aquela disposição de se sujeitar a ser um iniciante. Porque você vai passar pela dor e pelo sofrimento. Você vai cair de bunda. Vai se humilhar. E ponto-final.

É por isso que você tem que se motivar. E motivar todas as pessoas ao seu redor. Porque essa parada é infecciosa. Ser um novato. Ser um iniciante é contagiante. É divertido.

Você está liberado de ter que sempre "saber" para obter a resposta. De sempre ter os movimentos, o balanço, o arco perfeito, a deslizada perfeita. Isso é bom para nós. Como pessoas. Como espécie.

Como espécie, seria bom não sabermos a resposta o tempo todo.

Mas o grande lance é que aprendemos. Nós evoluímos quando tentamos coisas novas. Recentemente, eu disse a alguém que não tem muita intimidade com a neve: "Aprenda a praticar *snowboard* e veja como você fica dolorido e cansado no primeiro dia, e no segundo e no terceiro, como você tem a sensação de que alguém te deu uma surra com um taco".

Mas se você pratica *snowboard* há muito tempo, você pode esquiar o dia todo durante todos os dias e assim evoluirá cada vez menos; aprenderá cada vez menos.

> Somente os seres humanos têm a capacidade de ter uma curiosidade controlada, sistemática, previdente e que testa hipóteses.
>
> –Daniel C. Dennett,
> From Bacteria to Bach and Back

Então experimente algo novo. Algo em que você seja ruim. Eu acho que é no estresse contínuo do sistema que realmente nos destacamos. O corpo adora – os neurônios estão disparados, tentando criar novas vias de neurônios para uma técnica de habilidade motora aprimorada. Quando tudo isso está acontecendo, é aí que vivemos a melhor parte do nosso crescimento e a melhor parte da nossa trajetória.

Surfo há tanto tempo, que um dia a mais surfando provavelmente não vai me fazer melhorar. Vai ser difícil produzir algum efeito. Um dia depois de 30, 40 ou 50 mil horas não vai mudar nada.

Mas e se eu fizer algo novo, levar o corpo a ter algum avanço na minha resistência, ou na minha flexibilidade, ou na minha força mental? Isso pode ter um grande impacto no meu desempenho na água. Eu poderia fazer algo não diretamente relacionado ao surfe, ter esse avanço e, de repente, *bum*, simplesmente estaria em uma outra marcha; teria passado a rotear as informações no cérebro de uma maneira diferente, e indiretamente impactado em algo que pensava estar em declínio em termos de aprimoramento.

Um exemplo muito simples é a música. A música pode melhorar o desempenho. Posso estar correndo na areia fofa, ou o que for, e por conta de a música estar ocupando um certo canal em mim, a informação necessária para fazer a atividade é redirecionada para um canal diferente, que tem o potencial de abrir algumas novas portas.

Mas em todo esse lance de tentar coisas novas e estressar o corpo, a sua capacidade de economia é incrível. E nem sempre é do tipo ligado à economia da menor resistência, à forma de evasão.

Às vezes, os seus mecanismos de eficiência podem ser transformadores, como no caso das doenças ou lesões. Eu mesmo experimentei isso. Alguns dos maiores desempenhos ocorrem quando os atletas se ferem ou se machucam.

Por quê? Bem, talvez o corpo esteja: "Eu não tenho energia suficiente para errar. Eu tenho que fazer isso exatamente da maneira certa, com o mínimo esforço – e eu sei e preciso disso, que acarretará aquilo – e tudo me levará até lá sem desperdício."

E por que então eu tento um novo regime de sauna ou alguma outra coisa? Não sei. Estou procurando por transformação no nível mais simples. Talvez a mudança hormonal e as coisas que acontecem no meu corpo por conta das saunas consecutivas, por três semanas seguidas, possam ter um efeito sobre mim quando eu for para a minha temporada – um efeito que pode ser realmente profundo. Então por que eu não tentaria? Por que eu deixaria de tentar coisas novas?

> Laird carrega essa energia física e capacidade de concentração – quer dizer, que quantidade de treino alguém consegue aturar? Porque esse cara é aquele que quer acordar e sair. Ele quer acordar e reagir ao que o dia pretende dar a ele – e quando é tudo sempre igual, é como uma versão do inferno para ele.
>
> –GABBY REECE

A evolução colocou um monte de coisas em seu reservatório. E mal tateamos as suas bordas.

Se a terra está carregada com uma energia, o que dizer da energia represada no oceano? E sentimos isso quando estamos na água?

Alguns efeitos biológicos específicos acontecem ao nosso sistema apenas por estarmos na água. Somente o efeito no corpo e a forma como ele responde à pressurização da água já é como uma luz que se acende.

> O termo Master Switch of Life [Interruptor Mestre da Vida] (...) refere-se a uma variedade de reflexos fisiológicos no cérebro, pulmão e coração, entre outros órgãos, que são acionados no instante

em que colocamos nossos rostos na água.
Quanto mais fundo mergulhamos, mais
pronunciados se tornam os reflexos, o que
acaba estimulando uma transformação física.

—JAMES NESTOR,
*DEEP*

Considere a quantidade de coisas que você absorve pela pele. Quando está na água do mar, você está em uma rica companhia: a água do mar é viva, com energia, nutrientes, formas de vida. Na água, sua pele está absorvendo coisas. Há uma transferência de elementos químicos e de energia acontecendo entre você e o oceano.

Você pode sentir e vivenciar essa troca, e acho que é uma das coisas que nos atrai para o oceano. É mais do que apenas o prazer de pegar uma onda, ou a beleza de remar com sua prancha, velejar, ou o que quer que seja.

Acho que algo mais profundo nos convoca a ir para o mar – e parte do motivo pode ser porque o mar é de onde viemos. Digo isso pois toda a vida vem do oceano. Existe uma antiga comunicação. O tempo se move de maneira diferente no mar, e nós evoluímos para nos apropriar disso.

Quando você entende que a mente inconsciente se move 32 vezes mais rápido que a velocidade da mente consciente, você começa a perceber do que esse organismo é capaz; é como saber que você pode ter superpoderes. Sua mente consciente considera que a sua mente inconsciente está enxergando o futuro.

Nossa habilidade de sentir coisas e de acessar capacidades que podem ser consideradas quase sobre-humanas – que nos leva a crer que temos algum tipo de potencial como os X-Men – não é tão louca quanto parece. Não é como se um dia você acordasse e de repente pudesse lançar raios de luz com seus olhos. É o processo de se tornar consciente disso e depois deixar que isso te afete lentamente.

Às vezes, eu penso que se as pessoas soubessem do potencial de ter esse nível de conexão com as coisas, esse tipo de compreensão que nos permitiria não ter que continuar procurando nada externamente, não haveria necessidade de buscar o mistério, alguma verdade metafísica.

Estaríamos bem em apenas estarmos presentes. As baleias e os golfinhos gostam de comer e acasalar, de ter suas famílias e brincar na água, a existência de apenas estar vivo. Talvez, a parte de nós que contactamos por meio dessa coisa primitiva nos permita ter uma certa capacidade de estarmos contentes. Talvez o primitivismo seja um exercício de contentamento.

Seja na meditação ou em alguma forma meditativa ativa, como praticar exercícios ou esportes, estamos procurando por estas respostas: Por quê? Quem? Onde? O quê?

Na minha própria experiência pessoal de meditação ativa, de estar lá fora, olhando além das minhas limitações, buscando alcançar a conexão, esse é o meu mecanismo. Eu não me perco muito na ideia do guru filosófico. Não tenho nenhum elemento secreto "especial". Para mim, não tem nada a ver com isso, apenas está ligado ao seu próprio bem-estar enquanto ser humano.

Acho que atualmente, em um mundo que está ficando muito mais rápido com a tecnologia, precisamos realmente saber e entender o que é ser humano.

Tem um monte de gente se preocupando com algum planeta futurista governado por robôs. Em termos mais realistas, temos a Inteligência Artificial e os supercomputadores, e um monte de gente silenciosamente preocupada com seus empregos.

Mas eu não acho que algum dia iremos nos afastar completamente de nossa condição de humanos, porque é o que somos. Ficção científica, ciborgues e outras coisas à parte, nós nunca deixaremos de ser humanos.

Acho que uma maior conexão com o organismo que somos poderia definitivamente nos ajudar a buscar e a ter uma compreensão do que é ser humano; uma compreensão que nos deixaria mais calmos – que nos acalmaria e talvez poderia afetar nossos valores e outros aspectos espirituais. Equilibrar algumas dessas coisas extremas.

Talvez, ao estressar o organismo, estressar o corpo e destravar esses elementos em nós mesmos, isso é o que encontraremos ao cruzar essa porta. Algo que comece a afetar a nossa espiritualidade e o nosso bem-estar.

Não importa o que você pense sobre espiritualidade, conexão, religião ou o nome que quiser dar: existe um sistema de crenças de algum tipo que obviamente desempenha alguma função em nossa evolução e é obviamente algo compulsório, porque nós o temos.

E isso significa que é útil. A evolução é mais inteligente do que nós. Não temos nada em nosso corpo de que não precisamos: não temos mecanismos e habilidades motoras de que não precisamos. Temos linguagem porque ela nos ajuda a evoluir. Não acho que teríamos sistemas de crenças se não precisássemos deles de alguma forma ou maneira.

Deve ser uma necessidade para o equilíbrio de que precisamos. Um equilíbrio que em alguma medida perdemos. Estar em contato com o nosso lado animal mais primitivo é tão importante quanto chegarmos a um nível superior de consciência.

É muito importante estarmos em contato com ambos. Acessar o organismo e acionar alguns interruptores antigos – desbloquear algumas dessas coisas enterradas profundamente em nosso DNA e revelar um pouco mais do nosso ser primordial – acho que é uma parte de como criamos equilíbrio. Acho que atualmente estamos ligados demais à mente.

É ineficiente separarmos corpo e mente. Nós nos tornamos menores quando o fazemos, não melhores. Um dos maiores erros que cometemos é a separação entre uma coisa e outra. Criamos uma separação: preto e branco; esquerda e direita; isso ou aquilo. Ou você é um atleta ou é um cara inteligente.

Mas você precisa nutrir ambos. Existe uma relação entre inteligência e vigor físico. Alguns caras muito espertos ao longo da história sabiam disso. Você não separa as duas coisas.

> Com poucas exceções, os grandes gênios da história foram dotados de notável energia física e aptidão, e nenhum mais do que Da Vinci.
>
> Os extraordinários atributos físicos de Leonardo complementavam o seu gênio intelectual e artístico. (...) Leonardo era conhecido por sua postura, graça e capacidade atlética. (...) E sua força era lendária. (...)
>
> O doutor Kenneth Keele, autor de *Leonardo da Vinci, The Anatomist*, refere-se a ele como "uma mutação genética única".
>
> –Michael J. Gelb,
> *How to Think Like Leonardo Da Vinci*

A inteligência é algo notável, mas não é tudo. A inteligência que o nosso eu consciente tem buscado é muito nova. Há todo um montante que desconhecemos. E talvez nunca conheceremos.

É por isso que continuaremos nos esforçando. Se soubéssemos de tudo, o que faríamos? Precisamos de mistério – precisamos dele, e é realmente algo benéfico. Tem de haver alguma razão para a complexidade da vida.

No fim das contas, não sabermos é provavelmente essencial – porque saber *muito* não é algo saudável. Você vê o que causa. Não é exatamente produtivo sempre. O saber tem algumas das respostas, mas nem sempre – não em termos puramente evolutivos para nós enquanto humanos.

Se os humanos precisam evoluir na sua humanidade, o que um jogo de números tem a ver com o lado emocional ou espiritual? Por exemplo, no xadrez, numa situação de um homem jogando contra um supercomputador, os supercomputadores vão vencer, certo? É um jogo de cálculo. São apenas números e probabilidades. Ok, então a máquina vence o mestre do xadrez, mas o que isso tem a ver com os sentimentos?

Como sabemos, a máquina não é consciente. Estão tentando criar máquinas conscientes, mas nós estamos aqui. Nós já somos. A questão é que somos apenas uma máquina humana antiquada – e isso é falho. E não gostamos mais de falhas. Não gostamos do velho. Não nos importamos com sabedoria. Isso foi descartado.

Você sabe que tudo está relacionado. A nossa busca pelo superconhecimento, por saber de todas as coisas, por anular a morte. A morte humana. Estamos procurando uma chave substituta. Não podemos lidar com o fato de que somos um corpo e que, por isso, vamos morrer; mas, veja bem, esse é o preço de sermos nós. De podermos fazer e sentir tudo o que fazemos. Isso não dura para sempre.

E através de nossos corpos, esses recipientes incríveis em que nos movemos, nós estamos conectados ao mundo ao nosso redor de maneiras que a ciência ainda não consegue compreender. A conectividade está em nosso DNA.

Em 1984, Edward O. Wilson, um biólogo, naturalista e entomologista da Universidade de Harvard, cunhou o termo "biofilia" para descrever sua hipótese de que nós humanos temos "arraigado" em nossos genes um vínculo instintivo com a natureza e os organismos vivos com os quais compartilhamos nosso planeta. Ele teorizou que, por termos passado a maior parte de nossa história evolutiva – 3 milhões de anos e 100 mil gerações ou mais – na natureza (antes de começarmos a viver em comunidades e construir cidades), nós temos um amor inato pelos ambientes naturais.

—WALLACE J. NICHOLS,
*BLUE MIND*

O organismo é uma coisa incrível. Considere os seus pés. Eles não seriam um lugar para se colocar uma terminação nervosa, muito menos um monte delas, certo? A evolução não as colocaria ali, a menos que houvesse um motivo específico. Esse não seria um lugar para colocar terminações nervosas que se conectam a todos os principais órgãos do nosso corpo – a menos que fosse uma coisa eficiente ou eficaz a fazer.

Esse é o fundamento da reflexologia – ela se baseia inteiramente no fato de que podemos usar a pressão sobre os pés para influenciar os órgãos do corpo. Isso mostra que nossos pés foram projetados para funcionar dessa forma.

Nossos pés são o controle remoto externo para os nossos órgãos internos. Eles têm um trabalho a realizar. Estamos destinados a absorver a energia da terra enquanto andamos, uma energia que pode afetar a nossa saúde interior – ou pelo menos fazíamos isso antes dos sapatos se interporem no caminho.

É uma coisa cotidiana, certo? Você não precisa correr sobre uma ilha vulcânica para obter os benefícios disso. Ou mesmo ficar em pé se equilibrando sobre bolas de golfe. Apenas descalçar seus sapatos com mais frequência. Fique descalço no jardim. Ande por algum cascalho no caminho. Isso é um começo. Você pode despertar os seus pés de maneiras realmente fáceis.

Há pistas em todos os lugares para a nossa jornada evolutiva, pistas sobre todas as etapas da nossa vida. Olhe para os estágios pelos quais os embriões humanos passam. É a nossa jornada bem ali. Não tem surpresa. Quando eu quebrei a clavícula, meu médico disse: "Não se preocupe com esse osso. Ele é apenas uma sobra de quando tivemos asas."

Mas minhas teorias nem sempre são palatáveis para todos.

Por exemplo, tenho constantes debates sobre o protetor solar, e as pessoas estão sempre dizendo: "Você não usa protetor solar... isso é ruim."

Bem, talvez, mas acredito que a minha pele é projetada para absorver o sol. É o mesmo com meus olhos. Eu não uso óculos de sol porque acredito que meus olhos podem lidar com a luz solar. Então nós fazemos nossas escolhas. E as minhas são baseadas na minha crença de que somos parte do mundo natural e fomos projetados para isso. Uma das minhas frases favoritas é:

"Somos isso. E isso somos nós."

Acho que às vezes há uma desconexão. Somos a primeira cultura na história da humanidade que teme o Sol. Todas as outras culturas ao longo da história sempre o adoraram. Somos os primeiros a nos proteger aplicando protetor solar. Nós desenvolvemos esse medo inato.

As pessoas às vezes se esquecem de que, sem Sol, não há vida. Sim, há problemas com cânceres de pele, com a taxa de incidência dos raios solares, mas, da mesma forma, existem doenças que te acometem por você não tomar sol o suficiente.

Esse é apenas outro exemplo da desconexão com nossos corpos e da relação com o meio ambiente – com o mundo. Nossos corpos sabem o que fazer com tudo isso.

Os havaianos têm uma ideia muito clara sobre como tudo se conecta. Como eles agem junto com o Universo. Eu suponho ter absorvido isso também, às vezes até sem saber.

Crescer em uma cultura na qual a fisicalidade, os guerreiros, a força e a habilidade eram recompensados e respeitados obviamente deixou uma marca em mim. Na cultura havaiana, o melhor surfista fica atrás apenas do rei ou do chefe.

A fisicalidade estava conectada à sobrevivência: o propósito mais puro que temos enquanto organismo. A habilidade no oceano estava conectada a fontes de vida – o alimento, através da pesca, e a sobrevivência além do recife, sua capacidade de ir além do recife, para o desconhecido, e voltar. Isso era grandioso.

No Peru, eles falam sobre os caras que surfavam com os barcos de palha três mil anos atrás. Você é um pescador e as ondas estão grandes. Então agora você não pode ir para o mar só porque as ondas estão grandes? Você não pode ir pescar? Você tem que alimentar a aldeia, todo mundo tem que comer.

Assim, a capacidade de entrar e sair nas ondas inevitavelmente faria você entender como pegar uma onda, e inevitavelmente o faria querer aperfeiçoar essa habilidade, porque quem era bom nisso seria capaz de entrar e sair do mar, não importando como as ondas estivessem.

Essa habilidade faria de você um cara muito procurado. Isso significava se adaptar ao meio ambiente – mas tinha que ser por uma razão, e essa razão costumava ser a sobrevivência.

> O que eu acho interessante é que você vai para a água com o Laird e ele parece diferente. Ele muda, instantaneamente – não importa o que ele esteja fazendo: ele pode estar surfando, mergulhando –, mas ele muda; seu rosto muda, a aparência do corpo dele muda.
>
> —GABBY REECE

Nossos corpos são condutores de muita coisa, estão conectados a tanta coisa. E nós temos grande parte do mesmo DNA de muitas outras criaturas no planeta. Então, quem sabe o que compartilhamos? Quem sabe o que temos guardado no reservatório?

Como as baleias encontram o Havaí novamente? Elas vão para o Alasca e voltam para o Havaí. Como os tubarões encontram o seu caminho? É porque eles ainda estão conectados à Terra – estão se conectando a essa coisa primordial.

> A magnetorrecepção [é] uma sintonização com os pulsos magnéticos do núcleo fundido da Terra. Pesquisas sugerem que os humanos têm essa capacidade e provavelmente a usavam para navegar pelos oceanos e desertos sem trilhas.
>
> —JAMES NESTOR,
> *Deep*

Os havaianos praticaram essa arte chamada "voar". Era uma arte de energia, obviamente. Curiosamente, eles colocavam seus testículos no fundo da canoa para navegar. Antes de navegarem guiando-se pelas estrelas, eles usavam o próprio corpo. Eles *sentiam* a direção. Eles a intuíam. Da mesma forma, essas pessoas também podiam sentir a doença nas outras pessoas. Eles sabiam se havia algo errado com alguém.

Agora, discuta a ideia de que meu corpo possa ter a habilidade de conseguir navegar por uma linha magnética e todo mundo dirá: "Será mesmo?"

Então eu acho que precisamos realmente nos decidir. A ciência tem clareza nesse ponto. Não é vodu. As baleias podem fazê-lo, e um tubarão e um golfinho também conseguem, então por que não um ser humano? Por que não? Se compartilhamos muito do nosso DNA com as baleias e com os golfinhos, por que não?

Dessa forma, poderíamos dizer que nós regredimos, ao invés de progredir, em muitos desses aspectos, porque todas essas habilidades se tornaram adormecidas. Ou nós simplesmente as desligamos.

Precisamos passar mais tempo acessando as nossas capacidades mais primitivas, explorando-as. É uma revelação. É transformador.

E a fisicalidade é uma grande alavanca de tudo isso. Pegue toda essa história de estar no agora – e use sua força física para isso. Faz mais sentido para mim.

A abordagem do *mindfulness* consiste em desenvolver alguma habilidade aprendida que poderia levar uma eternidade para ser desenvolvida. Eu tenho amigos que realmente se dedicam a isso, à meditação transcendental, e praticam há vinte anos, mas não funciona para mim. Eu apenas não nasci para isso.

Forçar os limites do corpo cria um agora. Com algum choque de temperatura, o corpo é colocado por completo nesse ponto: exatamente no agora – no ponto em que você realmente não precisa pensar em nada. E quanto aos meus amigos da meditação, quando eles experimentam essa sensação, eles dizem: "Uau, eu fui mais fundo do que nunca".

Nós temos essa habilidade entranhada em nós. É só uma questão de acordá-la. E acho que nossa capacidade de, você sabe, encontrar o agora na base do choque é muito mais eficiente do que apenas tentar por meio da "consciência". A porta de entrada está no nosso DNA. É a parte que torna isso inclusivo, não excludente. Todos nós temos DNA. Todos nós temos uma impressão genética bastante semelhante.

Não é como se você tivesse que ir ao Himalaia ou sentar numa caverna de pedra por vinte anos. Você será capaz de alcançar esse estado imediatamente, porque já está programado em nós.

E é transformador. Por milhares de anos, os xamãs e os homens sagrados usaram o corpo – o choque ao corpo – como uma porta de entrada para uma sensação elevada de tudo.

Trazer mais pessoas para simplesmente usar o choque de temperatura, acionar e sentir o interruptor ser acionado e dizer: "Uau! Tudo está ligado!" é ótimo, mas ainda precisamos nos lembrar de construir isso.

As pessoas não entram por vontade espontânea em banheiras de gelo ou saunas. Parte disso é um treinamento social. Precisamos de muito treino para não agirmos como a criatura aquática que em grande medida somos, sempre buscando o caminho da menor resistência.

Não queremos nos expor ao frio chocante. Nós viemos daquela água fria, estivemos milhares e milhares de anos no frio. Claro, havia ocasionais águas termais – e não é surpresa que esses se tornassem lugares espirituais, lugares de experiência transcendental –, mas ficar fora do frio tem sido uma longa e difícil jornada e não nos esqueceremos disso facilmente.

E a sociedade nos ensina que o frio é ruim. Tudo se volta para essa ideia. "Você vai pegar friagem." "Pessoa de coração frio." Está em nosso linguajar. Todas são conotações negativas, então há sempre uma negatividade associada ao frio.

Quente é conforto. "Estou aquecido." "Estou aconchegado." "Vista roupas quentes." "Aumente o aquecedor."

O quente é bom e o frio é sempre ruim. Então, quando sugiro dar um choque – frio e calor extremos –, já estamos trabalhando contra uma questão psicológica.

Novamente, o choque e o estresse do corpo não são seletivos; isso não é algo voltado apenas para algum surfista sentado em sua prancha em Pipeline esperando alcançar o nirvana, ou algum superatleta em um centro de treinamento de 1 milhão de dólares.

Pode ser algo cotidiano. Simples. Ao final do banho matinal, experimente mudar o chuveiro para água fria. E mantenha-se ali. Sinta isso em você mesmo. Sobre sua cabeça. Por toda a sua pele.

Com alguns passos curtos podemos fazer com que o nosso corpo saia do sono para se acender e se abrir – e não é complicado.

Mas no fim das contas será que tudo isso importa – quente, frio, ligado, desligado, evolução, consciente, inconsciente? Eu penso que sim. Como criaturas, por mais brilhantes que sejamos, precisamos de ajuda, mesmo nas menores coisas – agora mais do que nunca.

Todos esperam muito – e se sentem com direito a tanto –, mas ainda assim fracassam em conseguir. Existe uma enorme quantidade de insegurança física, emocional e social nas pessoas – e ansiedade.

E tudo o que estamos ingerindo está apenas piorando as coisas, como algumas bebidas que existem por aí. Para mim, como purista que sou, a água de coco e todos esses novos tipos de bebidas isotônicas ainda contêm muitos aditivos e misturas.

Mas vamos começar com pequenos passos, certo? Eu julgaria alguém por beber água de coco? Sem chance. Comparar Coca-Cola, Red Bull ou qualquer outra coisa que bebamos com água de coco é como comparar um estranho hambúrguer de carne reconstituída, batatas fritas triplas e um shake de leite integral, com uma salada de couve sem molho.

Se você está escolhendo fazer a menor melhoria que seja, está tudo bem.

Mas todos nós precisamos de ajuda, porque o mundo lá fora é confuso de navegar. A escolha se tornou uma doença. Ficamos maravilhados com isso a ponto de nos fazer mal.

A comida que existe, as informações, as diretrizes, os modismos – são confusos. Margarina versus manteiga. Manteiga crua versus manteiga pasteurizada. Sintéticos de açúcar versus açúcar de cana. Arroz branco. Arroz integral. Legumes são bons. Lectinas são ruins. Gordura e açúcar são ruins. Alimento gorduroso? Alimentos com gorduras boas.

Ninguém está por aí ganhando algum prêmio por simplificar essas informações.

Não surpreende que as pessoas se fechem aos "especialistas". Cada teoria é elaborada para, logo em seguida, ser derrubada. Então as pessoas não confiam mais. Adicione a isso o fato de que alguns especialistas, cientistas e nutricionistas têm trabalhado para empresas e setores de reputação bastante duvidosa quanto à responsabilidade para com as pessoas para quem vendem alguns desses produtos, e me surpreende que alguém ainda dê ouvidos a alguém.

Precisamos simplificar as coisas. E precisamos confiar em nossa intuição. Nós *sabemos* quando o que estamos comendo ou bebendo é ruim para nós. Nós sabemos. Nosso corpo sabe. A questão é se nos importamos. Se nos importamos o suficiente. Isso é honestidade.

Nosso ego e nossa arrogância nos fazem pensar: "Eu estou ótimo, obrigado. Estou no topo da cadeia alimentar."

Eu me pergunto se criamos a Inteligência Artificial para algo mais do que apenas fazer as coisas de forma mais rápida e utilizando menos pessoas. Aí está o nosso novo predador. Nós eliminamos todo o resto. E a Medicina está fazendo um bom trabalho na parte das doenças. Então talvez sejamos nós mesmos conduzindo a nossa própria evolução. Matamos todos os predadores – mas *precisamos* de predadores para nos mantermos alertas. Para manter todos os interruptores ligados. Então criamos um novo.

Quem sabe... Se vamos jogar a toalha, se vamos apenas deixar rolar e dizer: "Vamos deixar as máquinas cuidarem disso", então, ok, não vamos nos incomodar.

*Mas*, antes de fazermos isso, acho que a primeira coisa que todos nós devemos fazer é conhecer a nós mesmos. Devemos ter certeza de que sabemos o que estamos colocando na pilha de sucata, antes de começar a idolatrar a máquina.

> O verdadeiro perigo, creio eu, não
> é que máquinas mais inteligentes do
> que nós usurparão nosso papel como
> capitãs de nossos destinos, mas que
> superestimaremos a compreensão de
> nossas ferramentas de pensamento mais
> recentes, cedendo de forma prematura
> a autoridade a elas, muito além de sua
> competência.
>
> –Daniel C. Dennett,
> *From Bacteria to Bach and Back*

Somos organismos incríveis – apesar de tudo que fazemos.

Veja o que podemos suportar. Veja o que o organismo é capaz de suportar. Podemos fumar cigarros, beber uísque, comer porcaria – viver em um estado terrível. Todas essas toxinas. Colocamos nosso corpo para encarar toda essa merda e então apenas lhe damos um pouco de nutrição e ele se sobressai. O que quero dizer é que nossos corpos são realmente resistentes.

Eu diria que é quase mais chocante ainda o fato de não estarmos mais detonados diante do que fizemos, que não estejamos pagando um preço maior – e mais cedo. É incrível. E acho que podemos dizer isso sobre a Terra também.

De volta àquela verdade sobre a natureza. Nós somos ela. Ela somos nós.

Acho que somos "pequenas Terras". Somos todos pequenas Terras, e acho que tanto a grande Terra quanto nós, as pequenas Terras, estamos em um lugar muito semelhante. Estamos envenenando o receptáculo. Estamos poluindo o receptáculo – o nosso e o do planeta. Os dois estão conectados. E isso não é uma coincidência. O respeito por nós mesmos e pelo planeta em que vivemos está conectado. Um afeta o outro.

Se você olhar para a natureza – se olhar para ela e como as criaturas coexistem com seu ambiente, verá que há harmonia. Existe codependência. Existe um respeito natural.

Mas nós, como criaturas brilhantes que somos, com toda essa evolução, com toda a nossa consciência, com todas as coisas incríveis que podemos fazer, ainda parecemos apenas estar empreendendo destruição.

Mas sabemos que, assim como temos tudo isso dentro de nós, estar longe da vista é estar longe da mente. E a mente é tudo para nós como espécie nesse momento. Da mesma forma como ignoramos ou descartamos todos os aspectos internos e programados em nós – em parte de nós através da evolução –, o mesmo vale para o ambiente ao nosso redor, o mundo natural ao qual as capacidades e intuições do nosso corpo estão conectadas e do qual fazem parte.

Estarmos cientes do invisível. Respeitarmos e sermos responsivos a ele – aí está o presente que podemos nos dar, mas nós pensamos, "O quê? Onde?"

Mas e o desmatamento? A acidificação do oceano? Os poluentes plásticos? "Não é problema meu", "Não no meu mundo", "Não consigo ver", "Não ligo para isso", "Não é importante" ou "Não existe".

Esse é o problema entre nós e o que está invisível. Não temos imaginação para abraçá-lo.

CORPO

## EMPREENDENDO COM OS PÉS DESCALÇOS

# O corpo e o poder de uma cultura forte

A cultura de uma empresa é fundamental para um desempenho de nível internacional. É o que une os negócios e constrói a sua resiliência e energia de dentro para fora, da base para cima.

Negócios e empresários propositivos, que buscam construir uma cultura em torno de ganhar dinheiro e fazer o bem colhem recompensas mensuráveis.

Cada empresa listada no site Firms of Endearment mantém um programa cultural bem visível. Essas empresas superam o índice Standard & Poor's 500 de forma escalar, ao longo do tempo.

As culturas de campo das empresas líderes são testemunhas de que a cultura é fundamental no desenvolvimento e na capacidade inovadora de negócios disruptivos e que definem um setor.

Uma cultura forte, envolvente e significativa é o que fortalece o *corpus* de qualquer empresa, de duas pessoas a 22 mil.

As empresas que usam a cultura para criar um senso de família e pertencimento não são apenas empresas a serem consideradas, mas também admiradas – e imitadas. Além disso, são os fios mais fortes que se tecem dentro de um cenário de negócios saudável e resiliente, vital para o seu equilíbrio e bem-estar.

Aqui, Laird e Gabby falam sobre como seu relacionamento com as pessoas em todos os negócios que administram – desde as interações mais incidentais até as parcerias mais centrais – são a chave para seu sucesso. Eles também exploram seu conceito sobre o que constitui um bom negócio.

## LAIRD

No fim das contas, acho essencial que você se importe. Que você se preocupe, aconteça o que acontecer.

**A FONTE DE ABASTECIMENTO.** Aqui está. O coração da minha *'ohana*. Meu combustível. Minha fonte de energia. Minha razão de ser. Abasteça-se de amor e tudo será possível. Se em algum momento eu esquecer por que faço o que faço, eles estarão lá para me botar na linha.

**CULTIVE A NATUREZA.** É determinante seguirmos na direção do que nos é precioso. Se não nos importarmos com o que nos rodeia – nossa família, nosso povo, nossa comunidade e nosso meio ambiente –, quem mais o fará? Temos que ser capazes de confiar uns nos outros para ter esse cuidado.

**ERA DO GELO.** É difícil explicar o sentimento de estar no gelo. É atemporal – além de qualquer explicação. Você simplesmente tem que fazer isso. Vá até uma loja. Compre um monte de sacos cheios de gelo. Coloque o gelo na banheira. E experimente – mergulhe nele. O seu corpo vai agradecer por isso.

**SOB PRESSÃO.** Exercícios hidrostáticos são os melhores. Entre na água. Teste a sua resistência. Esgote a sua respiração. Sinta o organismo falar com você. E, sobretudo, ouça e retribua. Essa é uma via de mão dupla.

**TUDO ESTÁ CONECTADO.** Da superfície da água até o centro do corpo. Se aprofundando nele por entre a fáscia. De fora para dentro, através da pele e dos sentidos. Som. Pressão. Equilíbrio. Temperatura. Tensão. Atrito. Gravidade. Impulso. Desfrute isso.

**A CRISTA DA VIDA.** Em alguns momentos você chega ao topo da sua onda e consegue enxergar tudo. Às vezes tudo que você vê é a próxima onda. Mas às vezes você só vê alguém cortando o seu caminho. Isso é a vida. Aceite isso.

**FALHA BOA.** Errar é a maneira mais rápida de aprender. É assim que nós evoluímos. Jogando no limite das nossas capacidades. Estressando e testando o corpo. Se eu não estiver caindo ou despencando pra dentro ou pra fora de algo ou de algum lugar, significa que não estou tentando o suficiente.

AQUILO QUE SOBE...
A arte não está em como você escala as alturas. A arte está na forma como você desce. Porque sempre vai haver uma "descida" em algum momento da sua vida. Então quando isso acontecer: respire fundo, abra seu coração, ative seus sentidos e vá.

AMOR DE PEDRA.
Não levante pesos. Mova rochas – fisicamente, intelectualmente e espiritualmente. Somos projetados para nos mover, pensar e sentir de maneiras que são úteis. Treine para ser útil, não para ficar bombado ou rasgado.

**O PODER DA MENTE SOBRE O CORPO.** Se os seus pés são os grandes conectores, imagine o que aproximar o seu cérebro da Terra pode fazer. Toda essa troca eletromagnética, a circulação, o estresse do sistema central e, é claro, uma visão diferente.

**87% PERFEITO.** Todos somos falhos. É assim que somos feitos. A questão é ter equilíbrio. Eu amo o oceano e quero protegê-lo. Mas eu também amo zunir em um jet ski pelo mar. Eu deveria ou poderia estar remando numa prancha? Certamente. Mas isto aqui é muito divertido.

**ALIENÍGENA.** O planeta em que estamos está girando no espaço a 1668 quilômetros por hora, com 1g de gravidade nos puxando. Aquilo que não nos parece ser natural, às vezes, é a coisa mais natural que podemos fazer. Liberte a sua mente e tudo mais a seguirá.

**DNA DE TRALHAS.** Tudo neste galpão tem algum propósito. Tudo tem um uso. Até as coisas que não foram totalmente utilizadas ao longo de meses ou anos terão um destino, serão reparadas e colocadas em pleno funcionamento. Cada tralha daqui é um pequeno pedaço do que me moldou.

**DOCE SUOR.** Suar é mais do que apenas um sistema de regular a temperatura. É como a mistura de uma faxina com uma energização. O calor extremo tem sido utilizado por milênios como uma forma de "limpeza", tanto física quanto espiritual.

**PODER DA DUCHA.** Nada supera tomar uma ducha alternando calor e frio. Um rápido jato frio pela manhã? Isso irá ligar o seu sistema, firmar a sua fáscia e limpar a sua mente. Isso é a clareza total ao seu alcance.

**REI DO ARRASTO.** Pesado é aquilo que você torna pesado. Eu prefiro arrastar troncos e vigas do que levantar pesos. Ponto. O torcer e virar dessas coisas trabalham a minha fáscia de uma forma que fazer supino com muito mais peso na barra nunca trabalhou. E o alcance do trabalho é o que importa.

Se você se importa de forma sincera e profunda, as pessoas sentem; da mesma forma, tem muita gente no mundo dos negócios que acha que quando você se importa, cria um tipo de relacionamento que muitas pessoas não querem ou não valorizam.

Elas não querem a responsabilidade trazida por um sentimento verdadeiro de se importar. Porque estão com medo. Porque, se você se importa, fica vulnerável.

Portanto, acho que a maioria das pessoas gostaria de evitar se importar. É como o mar. Elas não olham para o coral no fundo. Fora da vista, longe da mente. Uma coisa a menos para se preocupar. Elas não pensam em cuidar nem mesmo da menor parte.

Então, acho que cuidar do seu negócio, como um todo, e cuidar das pessoas, individualmente, de forma sincera... acho que isso cria cultura – uma cultura poderosa.

Para um líder, seja você um policial ou um padre, um professor ou líder comunitário, é tudo uma questão de cuidado – cuidar é algo poderoso. A compaixão e o senso do dever de cuidar são poderosos. Certamente funcionou para Jesus, para Buda, para Martin Luther King, para Gandhi – e para qualquer pessoa que tenha sido um líder da luz.

Mesmo hoje, alguns empresários têm dificuldade de falar sobre compaixão e consciência social – ou comunidade. Eles acham que você não está levando os negócios a sério se pender para esse lado.

Erroneamente, as pessoas interpretam ser compassivo e atencioso como fraqueza. Mas sabe de uma coisa? A compaixão – esse é o verdadeiro poder. É quando você está em posição de dizer: "O lance é servir. Não se trata de pegar, e sim de dar." Então, de repente, é aí que você realmente ganha.

É aí que eu acho que está a diferença entre as pequenas empresas administradas pelo proprietário e as empresas de capital aberto.

As margens de lucro conduzem a uma desconexão do cuidado; o foco e a ética tornam-se diferentes. Tornam-se monstros diferentes. E então se tornam outra coisa com a qual ninguém mais tem conexão – o que resulta em todos os tipos de decisões estranhas, não necessariamente boas para a humanidade.

Mas, no fim das contas, ser indiferente não os leva a lugar algum. Eles também começam a perder o sucesso, que acaba sendo prejudicado.

Às vezes, você vê o recuo do lucro – é quando trazem os fundadores de volta para ajudar a fazer o negócio sobreviver depois que o pessoal com MBAs veio e detonou com as cifras.

Aconteceu na Nike; alguém entrou lá e decidiu que não precisava mais de atletas, que eles iam apenas vender os produtos a partir dos próprios produtos. Isso tirou Phil Knight da cama, que foi correndo de volta para acertar as coisas: "Não, nós somos a nossa equipe – esse é o nosso negócio".

É por isso que agora é muito mais comum reterem todos quando essas empresas mais jovens estão sendo compradas por empresas maiores. As empresas maiores estão aprendendo. Elas mantêm todos os caras no negócio.

Estão entendendo que, se você começar a afetar a qualidade do atendimento e a qualidade da imagem, a cultura e a qualidade do produto, afeta também o valor. Você acaba tendo uma relação desproporcional entre o que está recebendo e o que está ofertando.

Parte do acordo agora é que você vai ficar na empresa por mais quatro ou cinco anos, ou o que for – você tem que estar lá para preservar a qualidade.

Se isso me for apresentado como uma opção? Ter essa escolha? Definitivamente me afastaria, porque vai contra todo o meu DNA.

Permitir que a qualidade diminua aos poucos na busca por maior volume e margens? Fazer dinheiro? Não tem sentido para mim.

E o código pelo qual você vive, o tipo de comunidade que você constrói? Não se trata apenas de seu próprio benefício. Os benefícios compartilhados são bons. Negócios em que todos ganham são bons.

É assim que evoluímos. Colaborar e então agir, juntos. E aproveitar os benefícios resultantes.

Talvez, parte da razão pela qual você esteja administrando um ou mais negócios seja apoiar um pequeno grupo fundamental de pessoas simplesmente porque deseja que sejam capazes de prosperar e sobreviver.

Nesse ponto, você pode considerar sustentar uma comunidade de maneira bastante lucrativa.

No entanto, para isso dar certo você precisa ter clareza sobre o que especificamente a empresa está oferecendo.

O que ela está fornecendo? É isso que você deseja com o negócio? A maior parte do que se faz nos negócios tem como foco o dinheiro – e por sempre ter foco no dinheiro, tem foco em outras coisas não necessariamente importantes para alguém que se preocupa com as pessoas.

Há quem veja o cuidado como uma maldição nos negócios. Eu vejo como um presente.

## GABBY

O Laird é incrivelmente compassivo. Ele pode ser incrivelmente atencioso, mas não vai agradar as pessoas, porque não se importa em fazer as pessoas se sentirem desconfortáveis.

Se você for bem fundo, ele sempre aparece – mas ele não necessariamente fará você se sentir muito confortável. É só o jeito dele. Testando. Tudo com o Laird é ligado a testes.

Talvez ele faça você adivinhar. Será que ele vai? Ou não vai? Mas ele vai – e assim a cultura ao redor do Laird e ao nosso redor é bastante direta.

Vamos realmente fazer isso? Ok. Uma vez definido, está definido – grande ou pequeno –, seja uma entrevista por telefone ou uma grande campanha.

Tudo será tratado da mesma forma. E, sim, a compaixão está sempre presente; a propósito, com muito mais compaixão do que eu – muito mais.

Provavelmente sou mais cruel do que o Laird jamais seria. Esse é o nosso equilíbrio. Essa é a nossa tensão, mas é isso que nos torna fortes. Essa abertura.

Enfrentamos questões pequenas e grandes com o XPT, do tipo: "Temos um problema – então, ok, vamos ao telefone".

E isso nem mesmo significa que você sempre vai desligar o telefone com um acordo; apesar disso, sempre sairá com esse respeito mútuo e algum senso de solução para todas as partes – além de uma abertura de poder dizer: "Escuta, essas são as dores do crescimento", ou algo assim.

Portanto, a cultura ao nosso redor é definitivamente um equilíbrio.

Laird pode simplesmente entrar e acionar uma mangueira de incêndio em tudo – e eu tento recuar um pouco.

Ele diz: "Você é muito diplomática e vai para lá e para cá", e eu digo: "Sim, porque você não pode simplesmente chegar querendo botar ordem".

Mas eu realmente aprecio isso no Laird. Ele apenas chega e fala: "Isso é besteira". Mas, mesmo quando isso acontece (e houve poucos casos em que aconteceu), ele ainda tem um profundo senso de cuidado com todas as pessoas envolvidas.

Ele é áspero, ele é rude, ele quer surfar; deixe-o em paz. Ele quer ir para a cama cedo e comer alguma coisa; mas, na realidade, não é uma pessoa má, e seu cuidado e atenção se aplicam a todos – de verdade. É *'ohana*.

Mesmo quando alguém realmente estraga tudo, ele sempre diz: "Vamos dar uma chance de fazer funcionar".

Porque, por maior que seja o ego que ele tem para fazer o que precisa fazer, de uma forma estranha, ele nunca se infla demais.

Mas como eu disse, ele não adoça as coisas nem faz teatro. Não há nenhum osso inautêntico em seu corpo.

Você observa isso quando fazemos as práticas do XPT. Se ele está de mau humor, ele estará de mau humor – você vai perceber. Ele não vai fazer uma carinha sorridente só por fazer, mas ele está realmente prestando atenção. Cento e dez por cento, mas ele não vai disfarçar a situação para fazer você se sentir melhor.

Essa é a cultura. É aprender como você está lidando com a vida e melhorar seu condicionamento físico de verdade, mas também por meio de outras coisas – a cultura que você constrói ao seu redor, a comunidade. Cada aspecto desse negócio deve ser autêntico.

Se você pensa em construir uma cultura do zero, criando-a em torno de uma pessoa, essa pessoa tem que ter esses atributos, essa autenticidade pura. Não há cultura melhor do que essa, mas a honestidade crua começa com a pessoa.

Se você perguntasse a ele: "Você é empresário?", ele poderia dizer: "Acho que sim", mas não chegaria dizendo: "Sou surfista e empreendedor". Ele nunca diria isso. Em vez disso, diria: "Eu sou um homem da água". É direto. Esse é o coração da cultura. É o que nós dois respeitamos e valorizamos.

As pessoas que temos envolvidas em todos esses diferentes negócios são assim também. E o interessante é que, quando passamos por períodos difíceis com essas pessoas, o que faz a coisa continuar, progredir e crescer é que, na base de tudo, nós realmente nos respeitamos; mesmo nos momentos em que realmente não concordamos. Nunca vamos dizer: "Seu idiota do caralho".

O clima pesado no ambiente corporativo não me atrai. Eu entendo que o crescimento requer uma certa estrutura ou modelo de gestão e cultura, mas isso me deixa desanimada.

O empreendedorismo, com seus riscos e possibilidades, nos mantém brilhantes – e é disso que gostamos. Temos essa coisa de gente brilhante versus gente apagada.

Ainda prefiro navegar pela minha vida tentando ser positiva e brilhante a ser forçada a uma vida apagada em que estou protegendo, acumulando, defendendo e provando.

Aproveite a vida – e também espero que aproveite as pessoas com quem você está trabalhando, o que, para mim, é a prioridade número um. Se vocês estão realmente curtindo um ao outro e se divertindo, dificilmente fica melhor do que isso – e é tudo, certo? Fazer isso juntos é muito mágico.

Para mim, tem a ver com os esportes coletivos, entende? Eu sei como sou muito melhor junto com os outros. "Eu poderia fazer isso sozinha – ou eu poderia fazer com você." E isso sempre me empolgou – e acho que tem me sido útil para administrar esses negócios. E o Laird é muito bom nisso, e eu acho que agora que ele está um pouco mais velho, sinto que ele está mais confortável. Ele conquistou um patrimônio para si, então acho que talvez isso o libere um pouco para apenas *ser*.

Por outro lado, o Laird joga com um conjunto diferente de regras. Ele entende que sempre pode confiar em si para gerar e manifestar coisas novas, mesmo que não saiba o que é naquele momento. E eu acho que ele fica realmente confortável com isso. Eu não acho que ele esteja tentando. Eu não acho que ele fica nessa de: "Eu tenho que ir até minha loja e pensar em algo novo". Eu só acho que ele pensa: "Vou seguir meu caminho e, baseado na maneira como costumo fazer as coisas, seja o que for, vai aparecer".

É o seu mecanismo. É a sua verdadeira maneira de ser e de viver. Ele não vai tentar ser várias coisas, apenas permitirá que as coisas se revelem.

Acho que é importante podermos desenvolver outras dimensões – ou sou uma CEO, ou sou uma mãe, ou sou a esposa de alguém; ou eu sou apenas uma garota bonita –, mas para mim a questão é definir aquilo que somos em *primeiro lugar*. Será que conseguimos realmente colocar todas essas expectativas e rótulos de lado por enquanto e ser algo primordial que depois viverá em todos esses espaços?

As pessoas também precisam saber que está tudo bem. Temos que seguir nosso instinto e fazer as coisas por nossos próprios motivos. Ele é assim nos negócios. É simples assim. É tipo: compre a coisa, goste da coisa, odeie a coisa; seja o que for, mas faça algo com ela. Faça algo dela.

## Aceite quem você é

A natureza anda ocupada. E em nenhum outro lugar ela esteve mais ocupada do que com essa multidão de criaturas brilhantes que chamamos de raça humana. Nossa composição genética aponta claramente para nossa conexão com todos os organismos vivos neste planeta. Quer gostemos ou não de ter genes de banana e sapo dentro de nós, eles estão lá. Um eco da nossa conexão com tudo. Desde nossa verdade genética até o exterior, fomos projetados para ser sociais. E se nossos genes têm algo a dizer sobre o assunto, essa sociabilidade deve ser estimulada em todas as oportunidades. Deve ir além do eu interior até as pessoas às quais estamos intrinsecamente conectadas, e para o mundo natural onde escorregamos, rastejamos, corremos e fugimos.

Nosso caminho evolutivo mais recente nos imbuiu com a capacidade de consciência; mas, para Laird, essa nova aptidão não deve funcionar à custa de abandonarmos a criatura primordial que somos, ou de abdicarmos de nossa responsabilidade para com o mundo natural que nos formou.

Para Laird, é muito óbvio que o verniz de nosso ser civilizado racha e se descasca muito depressa quando o pânico ou o medo se instalam. Simplificando, nossa civilidade nos abandona quando estamos sob extrema pressão. Tudo o que resta é a criatura primordial, aperfeiçoada ao longo de milênios para sobreviver.

Na visão de Laird, precisamos aceitar o fato de que dois seres residem na criatura brilhante que somos: o eu caótico, primordial, com fixação pela sobrevivência; e o eu ordenado, elevado e socialmente fixado. E devemos atender a ambos como um só.

Temos sistemas de gatilho perceptivo cujo único trabalho é examinar implacável e incansavelmente cada grama de informação que consegue coletar no nosso ambiente – movimento, calor, som, cheiro, luz, pressão do ar, umidade, distância –, processar essas informações; e nos comunicar. Nossos sentidos primários então nos informam sobre os resultados potenciais desse processamento e se ajustam a eles de acordo com ações simples e imediatas; no entanto, parecemos passar a maior parte do tempo tentando suprimir esses aspectos do nosso eu primordial. Precisamos nos conectar a eles, não nos desconectar deles.

Um dos atritos mais potentes dentro de Laird é aquele que existe entre o seu foco absoluto em si mesmo – e o isolamento que vem com a conexão ao que reside dentro dele – e o seu compromisso absoluto com a comunidade de almas com as quais ele convive: seu senso social e cívico de dever, nascido de sua conexão com as pessoas e o mundo natural. Ele não nega nenhum aspecto de si mesmo ou da cultura e da comunidade que o moldaram. Muito pelo contrário. Ele *os aceita*. Ferozmente e sem impor condições. Falhas, quebras, erros e tudo mais.

É a partir desses dois fios – **conexão** e **comunidade** – que vamos dar forma a um exemplo.

## Conexão

A conexão é poderosa. Não apenas no sentido de como tudo se encaixa nos ecossistemas de nossos corpos, vidas e sociedades – algo que exploraremos mais detalhadamente no capítulo "Tudo está conectado". Neste momento, estamos nos concentrando na cadeia simples de verdades genéticas que protegem e sustentam nossa integridade enquanto espécie. Hoje em dia, a menos que optemos por explorá-las por meio de testes de DNA e sequenciamento genético, nossas predisposições genéticas geralmente desempenham pouco ou nenhum papel em nossa vida consciente. O progresso é um belo esforço, mas alguns subprodutos do avanço de nossa civilização afetam nossa capacidade de permanecer conectados a tudo o que aconteceu antes de nós. Quando buscamos a inovação com tanta ferocidade, corremos o risco de perder uma parte de nós mesmos – especialmente aquela que celebra uma conexão mais antiga com todas as coisas. Talvez haja uma lógica genética no motivo pelo qual as culturas mais antigas, como a havaiana, invocam os seus ancestrais. Os havaianos estão simplesmente invocando uma superioridade genética – a capacidade de sobrevivência e a habilidade de prevalecer. Para cada um desses ancestrais que permaneceram vivos e criaram uma vida que resultou em filhos – que por sua vez fizeram o mesmo, até chegar em você –, há um eco genético, algo no seu código que foi aprendido ao longo do caminho: uma vertente comprovada de super-resiliência. Este é o tipo de conexão que não deveríamos considerar levianamente.

## Comunidade

"Comunidade" deve ser a palavra mais usada e a mais incompreendida em qualquer tendência atual de plataforma digital. Comunidades digitais tornaram porosas as fronteiras entre os países e, em alguns casos, quase sem sentido, mas essas comunidades teriam dificuldades para operar em um mundo que Laird iria reconhecer e, sobretudo, valorizar. Aos olhos de Laird, a real comunidade acontece onde as pessoas estão costuradas na vida umas das outras das formas mais banais e mundanas, por meio de vários atos repetitivos de existência compartilhada – uma massa de ações integradas e interdependentes, ou de micromomentos realizados coletivamente em tempo real, no mundo real, por pessoas reais. Isso não pode ser replicado com a mesma paixão e propósito no mundo digital, por uma simples razão: somos criaturas. E precisamos de intimidade e compreensão para funcionar de forma otimizada. Para que as comunidades sobrevivam ao longo de milênios, é necessário que a capacidade e o desejo de cada indivíduo de agir para o bem coletivo sejam *inatos* – venham como uma segunda natureza. Isso não pode ser alcançado remotamente ou de forma desapaixonada, como aponta Laird. Você tem que se importar. Faz parte do seu papel como criatura social, e negar isso é perder um pouco do que nos tornou criaturas brilhantes em primeiro lugar. Para que possamos realmente aceitar esse etos, a humildade precisa estar trabalhando dentro de nós. Racionalmente, você poderia descrever "comunidade" como uma simples operação matemática: comunidade real = interações sociais positivas × número de pessoas ÷ proximidade física. Aplique esta simples equação e o seu todo comunitário será sempre maior do que a soma de suas partes humanas individuais; uma comunidade viva, que respira, colabora e cuida, não apenas um conjunto qualquer de dados na rede social.

CORPO

## 'OHANA

Mais do que em qualquer um dos outros capítulos, este está profundamente enraizado na crença havaiana da 'ohana. Buscar e desejar pertencer é uma necessidade profundamente humana. No mundo que habitamos atualmente, somos apresentados a um universo impressionante de oportunidades e possibilidades. Os indivíduos nas culturas mais avançadas podem hoje desfrutar cada vez mais de infinitas variações de autorrealização. Mas, à medida que essas oportunidades aumentam, esticamos os laços que nos unem até o ponto de ruptura. Se perdermos de vista de onde viemos, do que somos feitos e quem é nosso povo, corremos o perigo de "desaparecer". A 'ohana não usa apenas a conexão e a comunidade do agora para realizar o que a tribo precisa e deseja. Ela é um lembrete de que tudo o que fazemos envolve uma reconexão implacável com nossos ancestrais – a invocação de cada criatura brilhante que nos conduziu até o que somos e ao momento em que estamos. O invocar da resiliência e do vigor de cada criatura que veio e sobreviveu antes de nós, repetidamente, uma e outra vez, ao longo dos anos, através dos milênios e entre criaturas semelhantes – por que eu não iria querer me conectar e ter comunhão com isso? Esse é o poder da 'ohana. E, em um mundo onde a "comunidade" é negociada como um eufemismo para o lucro digital, é bom termos um pequeno lembrete diário de que ela está enraizada, antes de mais nada, na proximidade física e na compreensão emocional.

## UM SIMPLES EXERCÍCIO PARA ACEITAR QUEM VOCÊ É

Para Laird, toda a sua vida e toda a sua jornada foram na direção de pertencer, quer ele tenha percebido ou não na época. Seu senso de conexão, tanto com a criatura única que ele é quanto com as pessoas com as quais conviveu e a cultura em que cresceu, é irreprimível.

Para iniciar esta jornada, Laird teve que se separar. Ele "transgrediu" os limites de sua vida na ilha e de sua própria fisicalidade e capacidade. Ele transformou as mesmas coisas que o confinavam no que o definia. Ele se apossou de tudo sobre si mesmo. Agarrou. Cutucou. Esmagou. Resolveu. Não deixou de virar nenhuma pedra; sua curiosidade desenfreada voltou-se para si mesmo em primeiro lugar. Um buscador da verdade, a começar por si próprio.

Nisto encontramos uma lição salutar. Quem quer que sejamos, tudo o que tivermos feito, tudo o que nos constitui, de onde quer que venhamos, quem quer que tenhamos sido e quaisquer que sejam nossas falhas, tudo é parte de nós. Assim que paramos de fugir de tudo; uma vez que nos viramos e aceitamos. Sem desculpas. Encare nos olhos. E aceite quem você é. Temos uma base para tudo o que desejamos ou sonhamos ser.

Para possuí-la, precisamos entender e nos contentar com o porquê de estarmos aqui, o que estamos fazendo, como estamos fazendo e por que estamos fazendo. E isso requer uma perspectiva que vai muito além do individual.

Por exemplo: pegue a tarefa mais trabalhosa e entediante que você possa ter que realizar. Pense sobre o que teve que vir antes para permitir que você a empreendesse – as pessoas envolvidas antes de você, os materiais, as pequenas tarefas, as jornadas, as ações, o artesanato, a indústria, as conversas, as interações.

Cortar a grama é bom. Você e um cortador de grama. Uma ocorrência comum, cotidiana, mas traçamos uma linha de volta ao início e o que encontramos? Encontramos os garimpeiros, mineradores, metalúrgicos, o minério que faz o aço bruto e as peças do motor da máquina. Encontramos os engenheiros modelando as lâminas. A testagem ao longo de gerações para definir qual lâmina, qual direção, qual ângulo. Com rolo ou sem rolo. Estilos de corte – circulares versus horizontais. Diferenças sazonais. Encontramos os construtores de motores, a gasolina e a eletricidade que movem o cortador. Encontramos as habilidades e a expertise do jardineiro. Encontramos a operação de produção, a montagem, a embalagem e o transporte.

Todas essas pessoas e ações são necessárias para nos trazer ao agora. Então você corta a grama. E depois de cortá-la: como ela é usada? Jogos. Piqueniques. Colírio para os olhos. Quais os resultados? Quais as consequências? E quem vai aproveitá-la ou usá-la? E quantas vezes? Em quantos anos?

Agora pense em uma pessoa em cada etapa dessa jornada. Você pode ou não conhecer essas pessoas. Elas podem ter vivido há muito tempo ou ainda não terem nascido, mas imagine cada uma delas com igual nitidez, executando sua tarefa ou realizando sua ação. Você e cada uma delas são uma parte da evolução particular dessa tarefa. Ser feliz com isso – ser feliz mesmo nos momentos mais banais da vida – é aceitar quem você é e a vida que você tem. O exercício perfeito para o contentamento.

 # ALMA

> Sua alma está conectada com a sua respiração.
>
> —Laird Hamilton

O mundo está acelerando. A tecnologia nos fez avançar na velocidade da fibra óptica, fragmentando nossas identidades em várias plataformas, dispositivos e redes, permitindo-nos fazer um número incrível de coisas em velocidades cada vez maiores, tanto individual quanto coletivamente.

Mas no meio dessa vida agitada e emocionante, nós nos esquecemos de respirar.

A respiração faz mais do que apenas manter-nos vivos. Ela nos alinha, nos equilibra e nos ajuda a nos mantermos e a nos ajustarmos sob pressão. Agora, mais do que nunca, precisamos estar cientes daquilo que o mais simples ato de respirar pode fazer por nós.

As técnicas de respiração ancestrais evoluíram conosco ao longo de milhares de anos, como um contrapeso às condições extremas em que nossos ancestrais existiam e nas quais eles buscavam uma maior realização pessoal.

Mas a ciência está começando a revelar até que ponto a respiração pode não apenas melhorar o desempenho físico e o bem-estar geral, mas também nos ajudar a controlar os limites da dor e agir como uma parte intrínseca dos nossos mecanismos intuitivos internos.

A respiração se encontra na encruzilhada entre duas dimensões em nós, que funcionam melhor quando trabalham de maneira integrada e inter-relacionada.

Aqui, Laird explora o papel da respiração não apenas como a fonte do desempenho físico, recuperação e gerenciamento da dor, mas também como a fonte da nossa resiliência mental e espiritual, e da nossa capacidade de nos conectarmos a nós mesmos e ao mundo ao nosso redor.

Ele explora como podemos aproveitar essa fonte em termos muito particulares e por motivos muito específicos.

E ele demonstra que, para aqueles de nós que optam por ir até lá, existe uma fortuna de riquezas humanas a ser explorada em cada respiração.

> Uma pessoa mediana realiza aproximadamente 20 mil respirações por dia e mais de 100 milhões de respirações ao longo da vida (Hendricks, 1995).
>
> —AMY HEATH, HEATHER MASHUGA E ANN ARENS, "EFFECTS OF A CONSCIOUS BREATHING INTERVENTION ON EMOTION AND ENERGY FLOW"

## LAIRD ᦯᦯᦯

Quando você passa a existir, quando você nasce, a primeira coisa que faz é respirar. Você sai do útero, eles lhe dão um tapa na bunda e você inspira. Você dá a primeira das duas respirações mais profundas da sua vida – a outra será a última.

Poderíamos debater se o espírito entra ou não no bebê nesse momento da primeira respiração; mas, no que diz respeito aos antigos e à maioria dos sistemas de crenças, a respiração e o espírito são uma coisa só. Eles estão conectados.

Mas esse é o lado espiritual das coisas, é o etéreo ou o invisível, ou o desconhecido que talvez nunca seja conhecido. Podemos debater a existência do desconhecido indefinidamente. Mas, por enquanto, a ciência, os dados, não existem.

Porém, nós sentimos instintivamente – a conexão da respiração com o início da vida e com o fim, na morte.

Hoje temos máquinas que trapaceiam essa verdade; mas, ao nível do organismo, sua respiração para e, no que nos diz respeito a esta vida, o seu espírito ou o seu eu consciente e senciente se foi.

As pessoas param de respirar e seu espírito deixa o corpo. A respiração é a porta de entrada tanto para a vida quanto para a morte. Ela é algo central naquele momento de transcendência. Se você acredita que esse momento é algo particular, e uma carga inteira de átomos começa a se reorganizar em alguma outra coisa no cosmos, ou se é uma jornada espiritual ou metafísica – olhando para trás e vendo a luz branca, toda essa cena, a respiração e a alma estão conectadas. Isso mostra o quanto essa relação é poderosa.

Na vida, temos a tendência de ignorar o mais óbvio: que, para sobreviver, para existir, temos que respirar. Respirar é viver. A respiração está ligada ao nosso eu consciente. Estar vivo.

Sem comida, podemos durar semanas; sem água, podemos durar dias; mas sem respirar podemos durar minutos – e, portanto, nas prioridades da existência, respirar é realmente importante.

Quando você está conectado ao oceano, tem uma boa relação com a importância do fôlego, porque ele está ligado ao afogamento por asfixia.

Portanto, se você esta vivendo e brincando no oceano – *kitesurf*, mergulho, surfe, vela, o que quer que seja –, você tem uma relação muito boa com a respiração; você tem uma consciência bastante nítida de sua importância, mas de uma forma muito específica. Neste mundo, no meu mundo, respirar está diretamente ligado a sobreviver. Entenda isso errado, seja ignorante, seja arrogante e você estará morto. Você irá direto para a morte.

Para os atletas, esta é uma percepção diferente. É o seu combustível; mas, em circunstâncias normais da sociedade, nós desconhecemos a respiração e sua importância.

E, em grande parte, não temos ideia do que a respiração pode fazer por nós. Não damos crédito a ela, o respeito que ela merece. Não perdemos tempo para realmente entender o papel dela dentro de nós, de quem somos e do que somos capazes.

Existem técnicas específicas de respiração do ioga, e os mergulhadores livres têm suas técnicas, e os psicólogos também têm técnicas – todas essas pessoas têm técnicas diferentes de respiração que possuem efeitos diversos, mas nós meio que chegamos nelas por acaso, correto? Temos a tendência de encontrá-las de forma acidental ou aleatória.

Não fazemos isso naturalmente. Em culturas e civilizações antigas, isso era normal. Essas técnicas eram coisas do dia a dia. Estavam ligadas à sobrevivência.

Nós temos disciplinas específicas de trabalho respiratório, cujos valores afetam nossa fisicalidade, o nosso estado emocional. Esses aspectos estão conectados ao nosso bem-estar, mas a maioria de nós apenas senta lá e respira. Nunca nos ocorre que essa coisa acontecendo bem debaixo do nosso nariz possa funcionar como um turbo impulsionador para nós; nunca consideramos as coisas incríveis que a respiração pode nos permitir fazer.

Respiramos pela boca. Nem mesmo pensamos sobre como é importante. Como basta fazer muito pouco para tornar isso muito melhor.

Assim que você traz a consciência para a respiração, ela a transforma. Assim que você traz a consciência, você cria uma importância em seu entorno – um foco. Nós sabemos que ela é importante, mas cada vez mais precisamos ser lembrados disso.

Uma das minhas teorias é que a razão pela qual amamos fazer exercícios é porque isso nos obriga a respirar.

Minha teoria é que nossa mente inconsciente está colocando nossa mente consciente para fazer algum trabalho e dizendo: "Ei, preciso que você respire; eu sei que você não é disciplinada o suficiente para respirar sem fazer alguma coisa, mas vamos lá. Vamos colocar um pouco de pressão. Vamos forçar um pouco esse sistema."

Se você correr, vai respirar e vai dar ao corpo o que ele quer. Você receberá mais oxigênio. Você estará empurrando o $CO_2$ para fora – eliminando o $CO_2$ –, ajudando a máquina a funcionar.

É por isso que o corpo recompensa você pelo exercício.

O corpo está te dizendo: "A única maneira que conheço para conseguir o que preciso é fazer você se mexer, mas eu sei que para você andar de bicicleta, correr, fazer alguma coisa, eu tenho que te instigar. Eu preciso que você ame fazer isso. Na verdade, eu meio que quero que você se vicie. Então vou recompensá-lo; vou lhe dar uma carga de produtos químicos que farão você se sentir bem."

Aí está a evolução em ação. Há um conjunto particular de interruptores que precisam ser acionados para manter o organismo no desempenho máximo. E se o organismo descobriu ao longo de milhares, senão milhões de anos, que precisamos de uma recompensa, a evolução fará com que isso aconteça. A evolução compreende a importância da respiração para o sistema – o volume, a quantidade – e age de acordo, colocando os sistemas em funcionamento para garantir que isso aconteça.

Mas se eu faço o que o inconsciente quer e recebo aquele pacote de gostosuras, todas aquelas endorfinas, agora estarei ciente do sentimento que elas causam. Agora eu respeito isso. Não apenas sei intelectual ou academicamente que é importante. Eu *sinto*.

Então, agora, o que vou fazer? Bem, quero mais recompensas, certo? Vou destinar um tempo para isso. Vou fazer *pranayama* [trabalho de respiração], ou vou fazer mergulho livre, ou vou fazer técnicas de respiração holotrópica, ou vou ficar um pouco monástico e fazer um Tummo tântrico – ou experimentar as técnicas do Wim Hof, o "Homem de Gelo".

E quando você respira mais fundo, o inconsciente te diz: "Mais, por favor" e, de repente, muito depressa, você está se movendo em espiral.

Mas você precisa ter esse foco, tem que dar espaço. É por isso que o isolamento específico do sistema cardiovascular, isolar a respiração ou o padrão respiratório, é algo bom.

O que quer que você esteja fazendo – deitado no tapete fazendo ioga, ou alongamentos na sala da sua casa, ou algo parecido –, você já está isolando todo o sistema cardiovascular por apenas tornar-se consciente da respiração.

A mais intensa respiração pode ser feita deitando-se em qualquer lugar.

Você poderia fazer um dos exercícios respiratórios mais fortes para o organismo deitando-se no chão da sua sala, no parque ou em um tapete de ginástica.

A quietude permite a adaptação e a expansão. Quando você está estático, não usa tanta energia para reconstruir os músculos e reparar os danos da exaustão respiratória da malhação.

Ao correr, você usa o seu sistema cardiovascular, mas o seu sistema cardiovascular está apenas tentando acompanhar a quantidade de trabalho que seus músculos estão fazendo, então você tem que alimentar o músculo – se livrar das coisas ruins, repor as coisas boas e assim por diante. Então você não está trabalhando em melhorar a sua capacidade. Você está simplesmente estressando o sistema.

Mas se você trabalha apenas para aumentar a capacidade, você se torna mais eficiente e será capaz de usar a ingestão extra de oxigênio, bem como a absorção aprimorada dele e toda a força que proporciona – e você obterá os benefícios da redução de $CO_2$ para desenvolver e tornar esse sistema mais eficiente.

E quando o sistema estiver mais eficiente, você pode implementar essa habilidade.

Você pode começar a implementar nas suas atividades essa nova eficiência aumentada e esses novos padrões – e ter um relacionamento mais profundo, certo?

Nós começamos a afetar a maneira como o organismo funciona; nós o melhoramos e o levamos a um nível totalmente novo.

Tudo isso acontecerá se você se sentar na sala e praticar a respiração por uma ou duas horas – ou o tempo que você puder.

Quando estamos fazendo o trabalho de respiração, estamos focados no "inspirar e expirar" – em qual é a sensação de expandir totalmente os pulmões para criar um volume maior. E nossos pulmões são bastante flexíveis – dizem que o pulmão é flexível o suficiente para se estender sobre um campo de futebol; mas está sendo mantido aprisionado em nossa postura.

A vida cotidiana e o estresse só pioram a situação de cativeiro. Se nossos ombros são como pedras – se estamos no modo de luta e fuga, se estamos supertensos e nosso abdômen está detonado, não temos volume. Não há espaço, então precisamos aprender a criar volume, especialmente nos momentos em que estamos sob pressão. Precisamos aprender a criar volume expandindo e depois completando.

Ao sorver mais ar, expandindo, empurrando e conduzindo a respiração para a virilha, podemos criar uma expansão que resultará no aumento de sua eficiência.

Essa técnica o levará à oxigenação total – saturação total. E você vai sentir isso em seus lábios, em seus ouvidos, em todas as extremidades, mas também perceberá que, de repente, ao expirar tudo funciona com mais força – e você consegue fazer mais flexões, mais rotinas de exercícios, mais repetições.

Se ainda não melhorou essa eficiência, quando você realizar uma atividade, a necessidade de oxigênio – e a consequente necessidade de se livrar do $CO_2$ – vai exigir um aumento na taxa de respiração. Ao invés de você se adiantar, aprendendo como aumentar o volume de oxigênio e de $CO_2$ antes que a necessidade surja, você pode nunca conseguir.

Mas você pode se adiantar e se manter à frente da necessidade por meio desse relacionamento mais profundo com a respiração – por meio da criação de uma respiração consciente. Isso é evolução.

Mas o primeiro passo é nós todos percebermos que, na maioria das vezes, estamos apenas suboxigenados – estamos privados de oxigênio.

Acho que grande parte do problema com os gurus de respiração – as técnicas da moda, o ioga, os retiros e coisas assim – é que parece que você precisa estar em outro planeta para entender ou conseguir realizar a proposta. Parece algo elitista. Simplesmente não parece relevante para a vida que a maioria das pessoas leva.

Fotos de pessoas fazendo alongamento e *pranayama* em um tapete sob as palmeiras ao pôr do sol em uma ilha tropical ou no topo de uma montanha – tipo, é isso mesmo? Se eu tenho que encarar um trem lotado de idiotas mal-humorados todos os dias ou me sentar num escritório no meio de um área comercial, como isso vai funcionar? Onde está minha palmeira? Só vai me deixar irritado, não vai?

Mas a percepção da respiração pode ser realizada em qualquer lugar e a qualquer hora.

Por exemplo, sabe quando você está com os fones de ouvido e de repente a música termina e não pula para a próxima faixa, o que você ouve? A sua respiração – direto nos ouvidos. Realmente alta. Aí está o seu momento. Em um trem, em um ônibus, em qualquer lugar.

Nesse momento. Fique atento.

Apenas ouça a sua respiração, ouça o seu respirar, o seu ritmo, e então module-a. Brinque com isso. Vá um pouco mais fundo. Use o seu diafragma. Diminua a velocidade. Acelere. Faça intervalos maiores entre as respirações. Isso é respiração consciente. Você pode fazer em qualquer lugar. Quando você começar a ouvir, vai começar a melhorar.

O ditado é: "Sua respiração tem voz; faça-a falar". E quando isso acontecer: ouça. Precisamos lembrar que a relação entre nós e nossos corpos é bidirecional, certo? Quando o corpo fala, nós precisamos ouvir. E precisamos responder a ele. E a respiração consciente é a porta para isso.

Não sei dizer quantas vezes fazemos o trabalho de respiração e vemos que as pessoas estão respirando com a boca bem aberta, e eu digo: "Faça-me um favor agora; respire – porque, se você estiver participando de uma corrida respirando assim, você não vai correr muito rápido".

Estamos sempre voltando ao mesmo ponto. De volta à consciência e à sua relação com a respiração. Ouça a sua respiração, sinta a sua respiração, certo?

Uma vez que você tenha sentido a respiração, depois de ter conseguido medi-la, você pode manter esse nível ou pode ir mais longe. Você pode respirar pelo nariz – coisas da Oxygen Advantage.

Ou usar uma combinação de respiração nasal e bucal para oxigenar e eliminar o $CO_2$.

Os atletas são mais saudáveis porque obtêm todos os benefícios do processo respiratório – embora eu ache que você se surpreenderia: não somos todos tão saudáveis quanto poderíamos ser, porque nem todos temos uma boa relação com a nossa respiração.

Há outra coisa que afasta o público. Eles olham para todos esses atletas e pensam: "Eu simplesmente não consigo fazer o que eles fazem. Eu não consigo evoluir assim." Bem, se estamos falando de respiração, você pode se surpreender. Você pode já estar à frente deles.

É muito comum que vários atletas tenham uma relação ruim com a respiração. Existe uma porcentagem absurda de atletas que estão abaixo da média geral quando se trata de sua eficiência cardiovascular.

E você vai descobrir que dá tudo no mesmo. Não importa se somos atletas ou não. Se você não está consciente, se não está respirando pelo nariz, seu desempenho é apenas a metade.

Posso pegar um grupo de atletas e vê-los respirar, daí eu digo: "Caras, vocês são velocistas olímpicos; vocês são jogadores de futebol; vocês são profissionais – quero dizer, é disso que vocês vivem... então, por favor, respirem!"

Eles não sabem como respirar! E eles não sabem respirar porque nunca foram ensinados a respirar. Eles nunca se conectaram com a respiração, mas eu compreendo. Se você não entende a importância, por que saberia?

Para mim, as coisas têm que ser relevantes. Eu não posso fazer coisas hipotéticas ou teóricas. Posso ficar muito atento, muito consciente de alguma coisa, desde que eu entenda o seu valor, correto? Se for relevante e importante, eu faço, porque tem uma função clara na minha vida.

Talvez seja uma coisa havaiana. Ação consciente e atenta. Tudo é aplicado a uma tarefa. A espiritualidade havaiana é sempre aplicada a tarefas que ajudam a comunidade.

Não há desconexão. Estou acessando as fontes mais espirituais de mim mesmo, mas apenas por uma razão: fazer algo prático – algo significativo, como construir um barco, pegar um peixe, surfar em um recife.

> [De acordo com os antigos havaianos, os
> seres humanos têm três almas]:
> Alma inferior: está localizada perto do
> plexo solar – a "mente que nunca dorme" –,
> mas permeia todo o corpo.
> Alma média: "a mente que fala" é a mente
> consciente, ambulante e pensante que
> raciocina, usa a lógica e toma decisões.
> Reside na cabeça.
> Alma superior: é a conexão pessoal com a
> fonte superior. O Eu Superior – é a fonte
> das intuições, da inspiração e do amor
> absoluto. Geralmente é sentida acima do
> corpo.
>
> –CHARLOTTE BERNEY,
> *FUNDAMENTALS OF HAWAIIAN MYSTICISM*

Se respirar me ajuda a fazer algo muito melhor e eu tenho uma razão real e aplicável, eu estou dentro. Vou fazer esse lance de respirar. E me organizo. E faço as coisas melhor. E certamente também é ligado a: "Eu não quero me afogar".

Portanto, antes de ser exposto a qualquer tipo de trabalho de respiração, eu costumava imitar algumas coisas que experimentei quando estava na água. Trinta anos atrás, antes de tomar conhecimento formal do treinamento de hipóxia e da Oxygen Advantage, eu já fazia essas coisas.

Eu prendia a respiração entre as sessões de exercícios extenuantes. Eu corria na praia e então respirava, e então prendia a respiração e respirava e prendia a respiração para imitar o que eu faria; o que eu iria experimentar no surfe.

Eu estava imitando minhas experiências e minha compreensão do ambiente onde eu queria existir. Imitando o jeito que a água me levava quando uma onda me derrubava, me empurrava pra baixo, me tirava o ar, me mantinha lá, me rolava.

Imitar o ambiente é algo poderoso. Se você olhar para o mundo e responder a ele nesses termos, o conhecimento estará realmente em toda parte. Imitar e praticar o que o ambiente ou as circunstâncias podem nos apresentar, como elas podem nos desafiar: é assim que aprendemos.

Devemos respeitar o fato de que a evolução é mais inteligente do que nós. A evolução leva vantagem, pois não tem limite de tempo nem orçamento – tempo infinito, sem restrições, sem opiniões e sem motivo, exceto ser eficiente.

Portanto, o estado meditativo em torno da respiração – uma percepção, uma consciência – é positivo. Qualquer pessoa na busca de trabalhar a respiração sempre voltará à meditação, por causa do estado em que ela te coloca.

Aprender como ser tolerante ao $CO_2$ e então tornar os pulmões mais eficientes na respiração e mais conectados à sua respiração? Não há ninguém que não se beneficie disso.

Não se trata apenas de não morrer. É ter mais vida. Estar mais vivo. Também está relacionado a coisas muito específicas, como o controle da dor. Técnicas de respiração podem ser usadas para controlar os limites de dor e situações de dor aguda.

A respiração pode ser usada como uma técnica de recuperação. Acho que é poderosa em mais maneiras do que muitas pessoas percebem. "É só respiração, certo? O que tem de mais nisso?"

No entanto, o papel da respiração não apenas como fonte de energia, mas como agente de cura – como uma forma de controlar a dor e também administrar o medo por meio do sistema autônomo – é central.

Mas não é apenas como respiramos e a nossa consciência disso que afetam diretamente o desempenho da nossa respiração – tudo está conectado. E nossa dieta tem muito a ver com a forma como as funções respiratórias do organismo funcionam, tanto em termos de nutrição quanto em termos dos efeitos da comida e da alimentação no sistema em geral.

Uma das coisas que notamos agora, sempre que fazemos trabalho de respiração, é a necessidade de ter o estômago vazio. Você não deve comer nada – você não quer fazer exercícios com o estômago cheio. Esse não é o tipo de energia que você precisa carregar antes de um treino. Você precisa se preparar para o tipo certo de respiração. Vamos lembrar o que é oxigênio – oxigênio é energia. Ponto. Certamente, antes do treino, essa é a única energia de que precisamos. É a energia número um em nosso sistema.

A respiração faz parte do processo holístico do organismo. Cada processo no corpo usa oxigênio ou é servido por ele de alguma forma, direta ou indiretamente. Cada processo está conectado ao oxigênio. Portanto, ele é a prioridade. Você pode viver muito tempo respirando; mas você não vive muito tempo sem ar.

O coração é o governante – o oxigênio não vai a lugar algum sem o coração, mas é a respiração que mantém tudo ligado. É o que mantém a "luz" acesa. Esse é o elo para o nosso eu consciente.

Mas vale a pena lembrar que, como dissemos em relação ao corpo, é sempre proveitoso levar o organismo além – porque estamos apenas começando a tatear o que há dentro de nós. A evolução colocou muitas coisas na nossa bagagem que ainda nos são totalmente desconhecidas. Capacidades, competências que atualmente estão além da nossa imaginação.

Existe um indiano que usa uma técnica de respiração em particular. Não consigo me lembrar se é uma inspiração ou uma expiração. Ele faz isso em um microfone. Essa única respiração dura, ao que parece, uns cinco minutos, e isso faz você se perguntar: como um cara pode ficar respirando por tanto tempo? Coisas incríveis que acontecem no limite da nossa capacidade enquanto organismo.

```
Apenas nas fronteiras de um ecossistema,
naqueles anéis externos, é que a evolução
e a adaptação ocorrem em um ritmo furioso;
o círculo interno do sistema é onde as
```

espécies entrincheiradas e não adaptáveis
morrem, condenadas ao fracasso por
manterem o *status quo*.

–Yvon Chouinard,
*Let my People go Surfing*

Você se torna ciente de que em nossas fronteiras externas existe um ponto transcendente, e a respiração está envolvida nisso. Os havaianos acreditam que inspirar na expiração de um golfinho é superpoderoso. Essa troca é, de alguma forma, uma supertroca de força vital – de energia.

Sim, algumas pessoas podem achar que todas as fronteiras externas da mitologia e do misticismo da respiração são um pouco difíceis de aceitar, mas quem poderá saber? Talvez, como em tantas outras coisas, se o seu instinto lhe disser que está certo, a matemática, os dados ou a ciência disso possam surgir algum dia para comprovar.

No misticismo dos ilhéus, para todos os polinésios, a respiração é tudo.

Quando os maori se encontram, eles juntam os narizes uns nos dos outros. Quando esfregam os narizes assim e expiram, estão trocando o *ha*.

Conheço indiretamente o valor da respiração para os ilhéus. Nem sempre por grandes motivos, é claro. Lembre-se de que eu cresci como um *ha'ole* – o que os havaianos chamam de homens brancos. *Ha'ole*: "sem o fôlego de vida".

*Ha* é o sagrado sopro de vida dentro
de todos nós, ou o espírito do Criador que
sopra vida em todos os seres vivos, e a
prática de respiração é chamada
de *ha huna*.
No Havaí, há médicos *kahuna* nativos
que usam o conceito de energia vital do
*mana* em suas práticas de cura. Respirar
profundamente e visualizar o *mana* tem um

> efeito positivo no bem-estar, na força
> física, nos sentidos e na mente.
>
> —Amy Heath, Heather Mashuga e Ann Arens,
> "Effects of a Conscious Breathing
> Intervention on Emotion and Energy Flow"

Em um desses festivais, fazíamos um canto que tinha um estilo *haka*. Agora eu sei que o *haka* é um exercício de respiração. Sim, é uma intimidação de guerreiro, mas é uma preparação para a batalha. Uma preparação para uma das tarefas físicas mais estressantes que alguém terá de enfrentar. O ato de lutar pela própria vida.

O processo de inspiração/expiração – a forma como eles o intensificam durante o *haka* – é depuração de $CO_2$ e conduz uma maior oxigenação do sistema. Essa é a preparação física máxima por meio da respiração.

São práticas antigas enraizadas nas verdades biológicas e fisiológicas básicas sobre nós enquanto organismos e em relação à nossa sobrevivência.

A respiração é poder. Nas artes marciais, você tem o *kiai* – e a importância dele na canalização de energia e na concentração para a ação. Quando o guerreiro está usando a respiração, o som dessa respiração – o volume da respiração exalada – é uma forma de demonstrar volume pulmonar; capacidade. Quanto maior for a capacidade, maior será o seu poder. Esse é o rugido do guerreiro. A prova de seu potencial físico.

Se eu olhar para trás, provavelmente poderei enxergar que, além de o oceano me fazer reconhecer a importância do oxigênio, houve momentos em que todo aquele misticismo polinésio – todas as danças, todos os cantos – me moldou de alguma forma. Ele gira em torno da respiração.

Um grande círculo, creio eu. A respiração, por conta do desempenho e do surfe, acabou por me trazer de volta à cultura havaiana, fechando um grande círculo.

Portanto, a respiração fica entre o científico e o espiritual – e a ciência continua a confirmar aquilo que intuitivamente já sabíamos ou acreditávamos no âmbito espiritual.

Mas isso é contação de história – e esse às vezes é o problema em contar histórias. A maneira como uma crença ou teoria é apresentada pode nos fazer bloqueá-la – fazer-nos pensar: "Isso não é para mim".

Parece muito metafísico para algumas pessoas. Ou, para alguns, tudo se parece com uma seita.

Eu não gosto da coisa da seita. Não me ligo em gurus. Eu vejo os caras e vejo a maneira como eles se posicionam – suponho que eles existem porque as pessoas querem que alguém os lidere assim. Isso não é para mim. Não é tanto sobre a responsabilidade. É mais sobre a honestidade.

Não se trata de líderes ou gurus. É sobre embarcarmos juntos na jornada. É um momento de *ohana* – de partirmos juntos. De descobrirmos algo juntos.

É compartilhar. "Deixe-me compartilhar com você as coisas que experimentei – coisas que, por exemplo, descobri ou sei sobre a respiração – e você pode experimentá-las." A questão é que existem diferentes formas de apresentar essas coisas, o que eu acho que faz uma grande diferença.

Eu só quero que as pessoas gostem de desbloquear essas coisas dentro delas. Acionar os interruptores e, com sorte, sentir um pouco do que eu sinto.

Às vezes eu acho que há muito trabalho "mental" acontecendo. Acho que precisamos de um pouco de desatenção. Trata-se tanto do desconhecido quanto do conhecido.

Acho que parte do fato de pensarmos demais nisso tudo tem a ver com sermos um pouco preguiçosos. "Se eu trabalhar um pouco no *mindfulness* e viver na rede social, então eu consegui" – é uma forma inteligente e eficiente de deixar de lado todo o trabalho duro real.

Estamos procurando o caminho de menor esforço – apenas me dê a pílula, deixe-me praticar a atenção plena. Para mim, se alguém me diz: "Oh, você sabe que eu medito", eu diria: "Isso é ótimo, mas que tal você apenas respirar?"

Se o mínimo que você fizer for isso, pode dizer que também meditou. Porque meditar sobre algo é ter essa consciência. A "meditação" foi sequestrada como uma palavra relativa a algum tipo de existência monástica. Não é. É apenas uma questão de estar atento.

E não tem muito a ver com a ideia que as pessoas têm de um relaxamento confortável.

O desconforto tem que fazer parte.

Eu conheci uns monges budistas hospedados na casa de um amigo, e nós estávamos sentados lá no lótus – ou minha versão do lótus, que é como um meio-lótus.

Estávamos nessa posição há algum tempo e, no momento em que terminamos, perguntei ao cara que estava sentado ao meu lado: "Quanto tempo leva para você se acostumar com isso? Quando isso se torna confortável?"

Ele olhou para mim e disse: "Bem, nunca fica confortável – é para ser desconfortável – é isso que o mantém presente e consciente".

Então há quem pense que esses caras estão apenas sentados, que de alguma forma alcançaram essa posição relaxada por meio de uma respiração superdesestressante, conforme percebida pela forma como é sua postura – de que eles entraram nessa zona –, mas não há relaxamento. Essa é a questão. É daí que vem a intensidade.

Portanto, a respiração é algo incrível. É uma das coisas que iluminam a criatura brilhante que somos – e de muitas maneiras. Biológica, fisiológica, neuropatológica, emocional, espiritual.

Podemos até usar como uma ordenação autoalimentada. Caras como Wim Hof mostraram que você pode transcender os limites normais da respiração a tal ponto que pode até mesmo usar a respiração para limpar o seu organismo e se livrar de algo como uma infecção bacteriana ou um vírus.

Para mim, tudo isso é simplesmente mais uma prova de que, entre o científico e o espiritual, existe muita coisa acontecendo em vários níveis. Eu sempre digo que há uma manifestação física de cada sensação emocional – e sempre há uma manifestação emocional de cada sensação física.

Nunca é uma coisa só – tudo está conectado.

## EMPREENDENDO DE PÉS DESCALÇOS

# Alma, curiosidade e estilo de vida: um sopro de inovação

A curiosidade e a inovação são o sopro vital para qualquer empreendedor ou líder empresarial que tenta criar algo significativo e duradouro.

A curiosidade é a respiração inconsciente – a base material de qualquer negócio próspero.

Uma cultura de questionamento incansável – "Por quê? O quê? Quando? Onde? Quem? Como?", revirando cada pedra em busca de algo melhor, é o que impulsiona os negócios, mesmo nos momentos corriqueiros.

E a inovação é a respiração consciente, que molda o desempenho, a resistência e a força.

Ambas são essenciais para ter uma empresa equilibrada, que funcione a pleno vapor; no entanto, exigem conscientização e a capacidade de acessá-las a qualquer hora. Precisam ser exercitadas, nutridas e aprimoradas em todo tipo de negócio.

E tudo as afeta. O objetivo, a cultura, a disposição emocional, a estrutura da empresa e, por fim, a visão.

Aqui, Laird e Gabby exploram como sua curiosidade implacável e o gosto pela inovação são o centro vivo de todos os seus negócios. Exploram como Laird aplica o princípio da *ohana* para criar uma equipe de colaboradores em torno de um objetivo puro. E como a compreensão íntima de Gabby sobre Laird e o seu faro natural para o comércio os ajudam a manter autênticos e verdadeiros os seus negócios.

# LAIRD ବଚ୍ଚ

Acho que sou naturalmente curioso e tento manter isso da melhor maneira que posso. Continuar a ser curioso. Acho que é uma das fontes da juventude; reter o seu entusiasmo juvenil significa, portanto, reter a sua curiosidade, porque é aí que você aprende.

Por que as crianças aprendem tão rápido? Porque elas são curiosas a respeito de tudo; elas estão interessadas em tudo. Então sinto que para mim isso é uma grande parte de quem eu naturalmente sou como pessoa. Cultivo essa curiosidade, porque estou sempre procurando novas maneiras de aprender ou novas informações para me expandir. E o que você percebe é que, quanto mais aberto você estiver, mais as coisas chegarão a você de forma consistente.

Então eu não avalio a mim mesmo ou meus negócios comparando com ninguém, mas fico aberto e procuro aprender com as pessoas.

Negócios como a GoPro me inspiram. A GoPro é um negócio muito legal porque são os únicos na categoria. O conceito original é tão simples: "Como faço uma câmera com a qual posso surfar?"

É sempre interessante ver uma empresa que cria uma categoria, eu meio que gosto disso. Essas empresas nem sempre sobrevivem, mas de certa forma isso é bacana, porque elas inspiram mais empresas assim. O verdadeiro sucesso desses negócios não é a distribuição; não é porque eles têm um apoio financeiro; não é a fabricação; é conceitual. Eles forjam um novo espaço.

Quando você olha para empresas como Yamaha e Honda, vê que elas são negócios da pesada, pois estão sempre na vanguarda. E em grande escala. Eles praticamente fazem as melhores coisas do mundo em sua categoria. Ninguém nessas categorias consegue competir. Na tecnologia de motores, quem pode realmente competir com a Yamaha exceto a Honda, e quem pode competir com a Honda exceto a Yamaha?

Talvez eu seja tendencioso. Talvez eu realmente goste deles porque eles têm um monte de coisas que eu gosto de usar. Isso pode influenciar meu interesse, mas eles fazem coisas inspiradoras: estão constantemente inovando – inovando, inovando, inovando. Eu também gosto desse aspecto. Na inovação, estão constantemente em luta com o seu próprio potencial e o potencial um do outro.

"Como podemos tornar isso melhor? Como podemos continuar melhorando?"

E no mundo da GoPro, eles entraram em um espaço onde já havia um monte de coisa. Não é como se não existissem câmeras – há muitas câmeras disponíveis por aí.

Além disso, a precificação é algo fundamental. Considero uma arte. Como você define o preço da inovação para permitir a máxima aceitação sem prejudicar o seu valor? Trata-se de dar abertura. Acessibilidade.

A GoPro provavelmente poderia fazer itens mais caros – poderiam ser muito mais caros do que são, mas a empresa está fazendo isso para que as pessoas consigam adquirir os produtos e usá-los.

Apesar disso, inovar e manter a criatividade também estão relacionados à comunidade. Tem a ver com quem você anda, o que eles estão fazendo, ao que estão te expondo, sobre o que estão falando com você – tudo isso faz parte. Tenho amigos constantemente interessados em coisas novas, procurando coisas legais, e eles estão sempre me enviando material. E a Gabby está sempre envolvida. Todo mundo que está próximo tem uma mentalidade semelhante, então estão todos de olho.

Se você é curioso, provavelmente vai se relacionar com outras pessoas curiosas e estar próximo de pessoas curiosas – pássaros da mesma linhagem.

Não se trata apenas de inventar coisas novas, mas de resolver problemas, porque a sua natureza curiosa te ajuda a resolver coisas, superar desafios; é isso que ela faz.

Você tem que estar aberto a se cercar de conhecimento, a ser alimentado por ele – acho que é algo abundante e está disponível em qualquer lugar que você olhe.

Acho que eu poderia me sentar neste barco bem aqui e aprender sobre tudo no Universo, se eu estiver aberto, interessado e conectado com as pessoas certas.

Mas eu não uso outras pessoas como uma referência de onde estou. Eu nunca faço isso; eu nunca fiz. Considero um erro.

Porém, não significa que eu não possa apreciar o desempenho de outra pessoa – ou apreciar o sucesso de outra pessoa em algum negócio. Eu só acho que, se eu me considero tão diferente, ou mesmo que seja algo parecido, sou eu que estou fazendo.

Você não pode esperar ser o único a ter uma boa ideia. Com tantas pessoas no mundo, como achar que alguém, em algum lugar, não teria ideias semelhantes simultaneamente? Não me parece realista – isso vai acontecer.

Mas *você* é a diferença. O semelhante torna-se diferente quando um indivíduo pega e faz.

Posso entender de que forma usar alguém como referência, pode te impulsionar um pouco – se alguém está tendo sucesso na sua área, você confere. Ou então você tenta algo que outra pessoa está fazendo e pensa: "Isso é interessante, isso é legal" – mas você precisa torná-lo seu.

Seu toque será sempre único – será sempre algo especial.

Acho que o processo de inovação vem da minha própria evolução natural – do meu desejo de continuar a evoluir para buscar algo novo, para fazer e manter algo interessante.

O que o alimenta? Acho que isso vem da minha natureza – minha tendência de me sentir entediado logo e simplesmente não aceitar a monotonia do *status quo*, a monotonia contínua de uma única coisa, mas tentar torná-la interessante, nova, excitante e diferente.

Eu gostaria de ir para outras áreas. Tenho outras ideias em outras áreas, mas eu não posso apenas ficar no mundo da fantasia. Acho que para mim é preciso ter uma mistura do conceitual e do funcional – ambos precisam estar em ação.

Penso que a inovação tem que ser aplicável. Eu sou um "fazedor". Portanto, tenho uma perspectiva simples: "Qual é a sua inovação? Qual é a aplicação?" Se for apenas uma fantasia, é apenas uma imagem, certo? Acontece que eu inovo em coisas que quero aplicar. Acho que uma parte real da verdadeira inovação tem a ver com a sua capacidade de entendimento, correto? A capacidade de entender a aplicação.

Estive envolvido em algumas coisas em que as pessoas dizem: "Eu pensei nisso anos atrás". Mas eu digo: "Tudo bem, mas se você pensou, então você não entendeu completamente o que significava; é por isso que você não desenvolveu a ideia como nós fizemos".

Eu realmente acho que inovar é uma habilidade, e uma vez que você inova – quanto mais você faz –, melhor você se torna, melhor você pode cultivá-la, e então você pode começar a implementá-la em diferentes áreas.

Depois de ter uma espécie de fórmula, você provavelmente poderia ir a uma empresa, olhar para ela e dizer: "Você deveria tentar isso, tente aquilo", esse tipo de coisa – porque eu acho que há um certo aspecto da fórmula para a inovação que pode ser implementado em uma variedade de cenários – uma vez que você tenha feito isso algumas vezes. Como a fórmula do sucesso de que estávamos falando. Você pode começar a aplicá-la em outros campos, em outras áreas.

Parece que hoje em dia a verdadeira inovação vem de híbridos – de combinar algumas coisas diferentes. Acho que tivemos tantas inovações ao longo da história que muitas delas já são adotadas, mas se as combinarmos, elas se tornam algo novo.

Eu uso como exemplo aquelas com as quais estive envolvido. Se você pegar a remada e o surfe e juntá-los, você terá o *stand-up paddle*.

Como diz o ditado: "Não há nada de novo; é apenas uma nova aplicação de uma ideia antiga".

E essas ideias têm que continuar fluindo, certo? Há todo tipo de coisas em que você está sempre pensando – você terá uma centena de ideias e duas que funcionam. Sempre há algo para nos inspirar; geralmente um problema a ser resolvido.

Muitas inovações são baseadas em algum tipo de solução de problemas. Essa é realmente a base mais pura de inovação – a resolução de problemas. Como podemos consertar algo com o qual estamos tendo problema, e qual é a maneira mais eficiente de agir?

A inovação é apenas a comercialização do princípio evolutivo.

Durante algum tempo, eu tive uma ideia na minha mente, inspirada no trabalho que estou fazendo na nova casa, onde estou limpando muito do terreno. Tive a ideia de limpar a vegetação rasteira com água em alta pressão e temperatura, mas acabou que as pessoas já estavam fazendo isso – as pessoas já tinham um produto baseado nisso.

Mas eu ainda quero trabalhar nessa ideia – em como você pode matar ervas daninhas e vegetação pesada com água quente, removendo qualquer tipo de produto químico ou toxina do processo, utilizando apenas temperatura extrema.

E isso precisa ser poderoso. Existem algumas plantas resistentes nesta ilha, espécies de plantas que estão causando estragos; eu tenho uma boa base de teste para aquilo que a aplicação precisa fornecer.

Portanto, meu ponto aqui é que a geração de ideias está associada ao meu sentimento sobre a natureza aplicável da inovação.

Também voltamos ao ponto da autenticidade. Essa ideia é diretamente fixada em uma necessidade real para mim; uma necessidade que revelou algo maior e mais aplicável comercialmente. Minha inovação vem da minha ação consciente e de uma necessidade funcional imediata.

Mas a chave aqui não é apenas a inspiração: é nível de empenho. A aplicação não diz respeito apenas ao papel da ideia no mundo, mas a seu compromisso com a ideia. Esse material exige muito cuidado. Muito desenvolvimento.

Com as *foilboards* temos feito pesquisa e desenvolvimento desde o início. Pequenos incrementos na forma. Testar. Medir. Evoluir.

Fazíamos pequenas mudanças, conseguíamos uma nova peça. Mudávamos uma linha. Experimentávamos compostos diferentes. Estávamos desbastando o produto, nos tornando melhores e melhorando também as coisas. Melhorar o formato, melhorar o material – isso não tem fim.

Mas nosso processo de inovação em *foilboards* não começa e termina com os caras da [Oracle Team USA – campeões da America's Cup e colaboradores nas inovações de *foil* de Laird]. Essa é a parceria de inovação em escala mais sistematizada que temos, mas não é só isso.

Quando você está inovando, precisa estar aberto a tudo – a todas as escalas e tipos de parceria.

Eu sempre agi assim. Reunir equipes em torno de coisas com as quais estou tentando fazer algo diferente – em torno da inovação. Dessa forma, na realidade eu estou usando um modelo de colaboração em que você atrai as melhores pessoas em torno de um objetivo comum.

Então também estou colaborando com empresas bem menores e outros indivíduos. Estou trabalhando com três pessoas diferentes: elas constroem coisas, elas estão testando produtos e elas me mandam. Eu dou o feedback e então elas melhoram.

Entre a Oracle e esses caras, estou usando um ecossistema de parceiros de inovação para fazer o que desejo. Usando múltiplas frentes para manter a evolução em movimento.

## GABBY

O Laird é incansável. Ele é simplesmente um cara curioso. Como eu disse, uma mistura de Dennis, o Pimentinha, com um cientista, mas ele é muito fiel ao seu próprio caminho. Nós somos iguais nesse aspecto.

Ficar o tempo todo se comparando ou se mostrando aos concorrentes é uma distração.

Certa vez, eu e o Laird estávamos em Newport Beach. Foi em 1996 ou 1997 – eu estava participando de um torneio de vôlei, e o Laird, bem, ele estava surfando ondas realmente grandes na época; quer dizer, ele estava se destacando. Ou seja, ele não precisava provar nada para ninguém. Apesar disso, Newport Beach é uma comunidade de surfe muito grande, com uma cultura de surfe muito expressiva. Algo muito particular acontece lá – a aparência, a vestimenta, a conversa. Tem uma importância. É um *evento*, certo?

Então lá estávamos nós, tomando café da manhã. E o Laird estava de shorts – provavelmente muito curto para aquela época –, vestindo sua velha camiseta e com o cabelo bem bagunçado. Então ele não estava alinhado ao estilo de Newport, certo? Eu me lembro de pensar comigo mesma: "Ele não tem tempo para compreender, saber ou estudar qual é ou deveria ser o estilo de um surfista, porque ele está ocupado demais praticando e *sendo* um surfista".

E eu acho que isso é verdade para a maioria das coisas. Se você está gastando tempo demais olhando de um lado para o outro, você não percorre o seu caminho. Mas, da mesma forma, se alguém está fazendo um trabalho realmente bom – mesmo que seja parecido com o seu –, é melhor você amar o que faz, porque assim você fica livre para comemorar tudo, não apenas as suas próprias conquistas.

A autoverificação incansável e a comparação com os concorrentes, de certa forma, apenas restringem o seu caminho, bloqueiam sua mente; bloqueiam o fluxo; bloqueiam suas ideias; e acho que isso te torna limitado.

Mas se você for do tipo "Ei! Incrível. Bom trabalho!", essa celebração pelas conquistas de outra pessoa é libertadora.

Para o Laird isso é fácil, é algo simplesmente inato nele. Em vez de se sentir ameaçado, sua resposta é: "Vou observar e celebrar tudo o que há de bom nisso e no que eles estão fazendo".

Essa mentalidade realmente ajuda quando você é um empreendedor, porque também o torna mais colaborativo. Deixa de ser uma ameaça as pessoas dentro do seu grupo brilharem ou fazerem algo incrível.

## Escute

Está ficando tudo meio agitado no mundo. Estamos esquecendo de respirar. O resultado é que muitos de nós acabamos ficando cansados, tensos e sem oxigênio. Passamos uma enorme quantidade de tempo lutando contra o barulho nas nossas vidas, que estão ficando ainda mais barulhentas, alimentadas pelas várias vozes com as quais negociamos no mundo por meio da mídia social e de nossas redes de engajamento. Nosso eu profissional, nosso eu da diversão, nosso eu do e-mail, nosso eu do Twitter, nosso eu do Facebook, nosso eu do Instagram. Acrescente a isso as crescentes e abundantes conversas em que cada um desses eus se engaja, e o volume aumenta exponencialmente. Existem bons aspectos neste estilo de vida, mas também existem desvantagens. Está ficando cada vez mais difícil ouvir a "voz" do nosso corpo em meio a tanto ruído.

Laird é um grande defensor da respiração consciente. A respiração que *ouvimos* e na qual podemos nos concentrar – o ritmo, a profundidade e a duração – é a forma de respiração mais poderosa que podemos dominar. A cada respiração nos colocamos mais profundamente no centro de nós mesmos, e mais longe do ruído que nos cerca. Quanto mais enchemos nosso peito e esvaziamos nossas mentes, mais perto chegamos de transcender o nosso eu comum.

A transcendência pode parecer um luxo para quem luta para pagar as contas no final do mês, mas não é um privilégio exclusivo daquelas pessoas em algum refúgio no alto de uma montanha. Cada um de nós carrega as ferramentas da transcendência dentro de si.

Laird vê a respiração como uma das grandes ferramentas do eu físico e espiritual. Uma ferramenta pela qual podemos expandir a capacidade pulmonar e os níveis de oxigenação para aumentar e melhorar a estamina e o desempenho; mas também uma ferramenta de introspecção – uma ferramenta que podemos usar para nos voltarmos para dentro e realmente escutar o nosso corpo.

Laird é o maior defensor dessa escuta. Ele acredita que, para abraçar a criatura brilhante que somos, precisamos aprender a ouvir o nosso corpo incessantemente e a confiar no que ouvimos. E precisamos responder a isso.

Ao escutar, podemos responder de forma significativa ao estado de constante mudança do corpo e interagir com suas inúmeras faculdades. A consciência é simplesmente a interface entre nós e o conjunto incrivelmente complexo de sistemas e processos que existem dentro de nós. Para Laird, respirar é a manifestação mais óbvia e visível disso – um diálogo saudável entre nós e a criatura brilhante que somos. Laird acredita que é na natureza recíproca dessa interação entre nosso ser interno e externo que está a chave para nossa capacidade de enfrentar as turbulências da vida. Se não estivermos *escutando*, não estamos sendo inteiros. Portanto, os dois valores que estamos construindo aqui são a **confiança** e a **reciprocidade**. Com a nossa respiração atuando como o laço que as une.

## Confiança

Laird é um homem confiante. É um ponto nítido para ele – é estrutural. Para Laird, a confiança não é apenas uma condição social estabelecida somente para orientar a integridade e as ações das pessoas e das instituições. Seu conceito de confiança se baseia em algo muito mais antigo – a fé no organismo que somos. Para Laird, seu ponto de partida para a confiança está no que ele acredita que o organismo humano pode fazer; naquilo que é capaz. A sabedoria genética investida em nós é algo em que Laird coloca toda a sua fé. Ele confia na intuição para lhe dizer coisas que a ciência ainda não sabe sobre o mundo natural; confia nas leis invisíveis que orientam aquilo que, nele, enquanto organismo vivo, precisa existir para ele poder viver neste mundo. Ele confia no que ainda é desconhecido – independentemente de ainda serem e possivelmente continuarem sendo incompreendidos. Ele confia na lógica, na ordem e na permanência das coisas – na causa e no efeito mensuráveis – tanto quanto ele confia no caos, na desordem e na impermanência – na capacidade da vida, da natureza, das pessoas e das circunstâncias de atirarem coisas contra nós, aparentemente surgidas do nada. E ele confia no caminho que existe entre esses dois polos como sendo o nosso estado mais honesto e natural.

Ao confiar nessas coisas, Laird está livre para acreditar que algo tão simples quanto a respiração consciente pode levá-lo do ato ordenado e mensurável de meramente fazer a descompressão do treino – ou de ser um acesso à meditação – até chegar a estados transcendentes do ser e a um tesouro de capacidades inimagináveis.

Sem uma confiança simples e fundamental no organismo, paramos de escutar e paramos de aprender. E quando paramos de aprender, paramos de crescer.

## Reciprocidade

A maior reciprocidade é aquela que existe entre o nosso eu consciente e o inconsciente. Nossa capacidade de ouvir as muitas "vozes" que o nosso organismo usa para se comunicar com o nosso eu consciente é crucial para o bem-estar, mas esta deve ser uma via de mão dupla. Devemos manter uma natureza recíproca nessas conversas com nós mesmos. Como todos sabemos, se um amigo nos oferece conselhos e nós continuamos a ignorá-los, ele acabará parando de oferecer.

Somos criaturas suscetíveis. O organismo sobreviveu e prosperou por todo esse tempo porque é sensível ao ambiente e às circunstâncias. Os sistemas de conhecimento alojados em nossa composição genética foram formados por meio de constante testagem e retestagem, nas quais a resposta a qualquer situação ou ameaça é crucial para formar a melhor posição de lidar com elas quando surgirem. O organismo codificou esse aprendizado em cada canto do nosso ser. Quando o organismo fala conosco, ele merece ser ouvido. Além disso, merece ser respeitado e respondido. A troca entre nós e o funcionamento interno do organismo que somos é vital para viver uma vida plena e significativa.

## 'Ohana

Dentro da 'ohana há uma adesão simples de cada indivíduo à natureza de *ha*, ou "o fôlego da vida". Este é o presente precioso e mais valioso que temos para dar ao mundo. As comunidades estão enraizadas na capacidade de cada indivíduo de usar o seu *ha*, não apenas para si, mas como uma parte do todo e para o benefício mútuo. A maneira como manejamos a nossa força vital no mundo, começando com aqueles mais próximos e mais dependentes de nós, é fundamental para construir o mais resiliente tecido social. Devemos ser capazes de contar com as pessoas ao nosso lado para pensar e fazer o mesmo, de boa vontade e de maneira reflexiva. E eles têm de ser capazes de confiar em nossa disposição de responder na mesma moeda.

A 'ohana não existiria sem ter a confiança e a reciprocidade como peças--chave. Eu só posso me envolver em trocas mutuamente benéficas de cuidado e busca compartilhada se eu: (a) confiar na integridade das pessoas ao meu redor para agirem coletivamente em qualquer situação; e (b) entender que a troca será justa, equilibrada e ativa em ambos os lados do grupo 'ohana, especialmente se estivermos sob coação ou ameaça. Em uma situação de sobrevivência, não quero ter que me ater a princípios básicos de "Será que eu confio na pessoa ao meu lado?" e "Será que eles sempre retribuirão tudo o que eu fizer por eles?" Se houver questionamentos desse tipo, o sistema entrará em colapso.

Então, para trazer o espírito de 'ohana à vida, precisamos apurar nossa escuta para a confiança e para a reciprocidade, tanto dentro de nós quanto nas pessoas mais próximas de nós.

## Um simples exercício de escuta

Escutarmos a nós mesmos é fundamental para o bem-estar, mas é algo que deve ser capaz de transcender o passivo – deve poder acontecer em uma fase ativa. Ser capaz de realizar isso em um nível mais elevado, consumido pelos aspectos físicos e mentais da tarefa, enquanto ainda escuta não apenas a sua respiração, mas tudo que seu corpo está dizendo "no fluxo", é a diferença entre o bom e o ótimo. A ação não deve ser uma desculpa para a "surdez".

A escuta deve ser ativa, um comando para o ser. No mínimo deve poder te elevar e, no melhor cenário, fazer transcender. Daí o mantra "escute". Pare de olhar para a tarefa. Erga os ouvidos por sobre o barulho e escute a si mesmo.

Confie no que seu corpo lhe diz e retribua na mesma moeda. Seu eu consciente e o organismo que ele interpreta são uma equipe. E isso significa trabalho em equipe.

Anteriormente, Laird falou dos fones de ouvido como um ótimo artifício para poder escutar em meio à confusão da vida cotidiana e aos trajetos infernais de casa ao trabalho e vice-versa. Fones de ouvido, especialmente os que tem cancelamento de ruído, elevam o som da nossa respiração a uma paisagem sonora. Então, vamos usá-los como uma ferramenta simples para "escutar". Faça da sua própria respiração a *playlist* do dia. Mantenha-se com seus fones de ouvido, mas deixe a música e os podcasts pausados. Não ouça nada além de sua própria respiração. Escute-a ao subir escadas, percorrer os corredores e sentar-se no trem. Ouça como sua respiração soa. Concentre-se nela. Uma vez obtido o hábito de ouvir, aumente o desafio – comece a se abrir para os sentimentos que você sente quando se move. Ouça como a sua respiração muda e sinta como o seu corpo responde. Sinta a natureza inter-relacionada do corpo e da respiração enquanto você se move. Com apenas dez minutos diários imerso na sua paisagem sonora, ouvir se tornará algo natural. (E, para alguns, bastante viciante.)

# TUDO ESTÁ CONECTADO

> Nós estivemos no momento *aka*.
> Nós *fomos* o momento *aka*.
> E então ganhamos conhecimento;
> E lentamente nos afastamos cada
> vez mais das coisas.
>
> —LAIRD HAMILTON

O Universo em que estamos está se expandindo. E nós estamos nos expandindo dentro dele.

As tecnologias são o estilingue de nossa humanidade. Tecnologias brilhantes, incessantemente aplicadas em graus cada vez maiores, nos permitiram combinar a nossa evolução biológica com uma evolução cultural que nos levou ao topo da cadeia alimentar.

Vivemos tempos empolgantes.

À medida que a convergência da humanidade com a tecnologia se intensifica, nos vemos chegando ao limite da nossa existência enquanto criaturas. Estamos em um ponto crítico.

Alguns veem um novo amanhecer e um brilho humano ainda maior – um momento transcendente no qual o homem e a máquina convergem numa multiforme e imortal Unidade.

Alguns enxergam uma arrogância que permite o desenvolvimento de uma era das trevas para a humanidade, na qual estaremos perdidos numa subserviência às máquinas, que levará à obsolescência de nossa espécie como a conhecemos.

Mas, ao encontrar um equilíbrio entre o que é conhecido e desconhecido por nós – no espaço onde se chocam as naturezas intuitiva e instintiva do nosso antigo eu espiritual e a capacidade computacional e acelerada do nosso eu atual –, talvez possamos encontrar nossa melhor trajetória.

Neste capítulo, Laird explora a real natureza da criatura brilhante que somos, a vida que levamos e a extraordinária conexão entre nós e o mundo que nos rodeia, tanto o natural quanto o social.

E ele explora um pouco da sua própria hiperconexão e dos fios que o ligam a seu passado, presente e futuro.

## LAIRD

Tudo está conectado – seu coração à sua mente, à sua visão, à sua respiração, à sua pele, ao seu DNA, à sua família, aos seus amigos, ao meio ambiente, às suas experiências, aos seus sentimentos, à sua comida, ao prazer, à dor, ao momento, à sua memória, aos seus sonhos, à comunidade, à cultura, à energia, à matéria, às vibrações, ao cosmos, ao início e ao fim dos tempos. Tudo é apenas um ciclo implacável de vida, morte e renascimento.

Existe verdade. Existe honestidade. Para nós como indivíduos. Para a humanidade. Para nós como espécie. Mas parece que estamos perdendo o controle sobre isso. Portanto, qualquer coisa que possamos fazer para reafirmar essa verdade é uma coisa boa.

Cada pequena coisa nos afeta. Se você pensar no seu sistema e no que tem dentro dele, do que ele precisa e o que contém, o que ele gerencia e o que usa, verá que somos uma criatura bem complexa.

Nós temos água dentro de nós – temos poder; temos campos magnéticos; temos interruptores genéticos; temos sistemas fisiológicos inconscientes e conscientes. Temos traços neuropatológicos: temos tudo isso conectado. E isso antes mesmo de chegarmos à forma como nos conectamos com tudo e todos ao nosso redor.

Essa conectividade ocorre nas menores coisas. Eu estava conversando com um cara e ele disse: "Quero ser mais flexível". Então eu perguntei: "Bem, você está hidratado? Porque, se não estiver, nem venha me falar sobre ser flexível. Você nem mesmo está em posição de se tornar flexível se não estiver devidamente hidratado."

Houve um tempo em que entendíamos isso. Compreendíamos a importância da conexão entre todas as coisas – mas agora aparece como surpresa. Se alguém está falando sobre flexibilidade, a hidratação é a última coisa que vem à mente – você não pararia para pensar nisso.

Esse é o tipo de meticulosidade que você deve ter em mente no relacionamento com essas coisas que afetam o todo. Você precisa voltar a examiná-las continuamente. Nós costumávamos agir assim, mas fomos perdendo as conexões mais antigas à medida que adquirimos conhecimento.

Hoje em dia, pensamos: "Não estou hidratado – não estou dormindo bem" ou "Minha visão não está nítida", e então nos perguntamos por que nossa percepção não está muito boa ou nosso equilíbrio está sendo afetado.

Depois que nos lembramos de como tudo está conectado, mudamos a nossa resposta. Passamos a ter mais interesse. Percebemos que algumas partes do organismo estão fracas ou frouxas – ou simplesmente adormecidas. De repente, já estamos testando os limites. Reforçando as partes. E, quando vemos, já estamos em atendimento contínuo ao organismo. Visão, hidratação, sono, alimentação, temperatura, audição, sensibilidade, tato, pés! Tudo afeta as outras partes. Só precisamos melhorar nossa consciência disso. Como a respiração e os seus impactos.

Minha visão é muito importante para mim. É por isso que tenho que estar superatento a ela. Uso um aplicativo para fazer exercícios oculares – exercícios que treinam meus olhos. É por isso que também é bom andar no escuro. E quando tem muita claridade. Isso reforça a capacidade visual, mas também preciso estar ciente de outras coisas relacionadas à minha visão. A dieta. O estresse. O ambiente. E cada uma delas precisa ser observada tendo as outras em mente.

Se sua visão está comprometida, se a sua hidratação está comprometida, se a sua nutrição está comprometida, se o seu sono está comprometido, tudo isso está relacionado à eficácia global do sistema.

E isso abrange os dois lados, correto? Já abandonamos essa divisão acadêmica entre o racional e o emocional. Entre o científico e o intuitivo. Sabemos o suficiente – sobre o sisterna autônomo e a natureza eletromagnética do nosso coração, e a sincronização entre coração e cérebro – para deixar de agir assim. Chame isso de holístico. Chame do que você quiser. É a conectividade.

Tudo afeta tudo. Se você está tendo dúvidas; se você está tendo alguns problemas mentais – uma vida profissional estressante, infelicidade –, isso vai afetar o sistema. Direta ou indiretamente.

Aceitar que tudo funciona assim – e que todas essas coisas servem umas às outras – fará com que você tenha mais chances de descobrir como administrá-las em momentos de adversidade e ajudar o sistema a manter o equilíbrio.

Porque o simples fato é que você terá pensamentos negativos. A menos que você seja o Super-Homem ou a Mulher Maravilha, e ainda assim... você terá coisas que te afetarão negativamente. Você não pode se esquivar delas. Isso é a vida. Isso é atrito.

Mas é como você responde que fará a diferença. A negatividade e o impacto dessas coisas estão na maneira como você reage, não na natureza negativa do pensamento ou da situação.

```
As coisas não o assustam - por exemplo,
a forma como ele age quando o mar está
gigante é a forma de ele agir quando as
coisas estão emocionalmente muito difíceis
para ele.
```

Eu não acho que ele tente fugir de um
sentimento realmente duro ou guardá-lo
e escondê-lo. Ele se move na direção
dele. Laird não tenta justificá-lo ou se
afastar – nem pintar o sentimento com
uma cor diferente. Ele nunca foge de seus
sentimentos – ele chora abertamente. Laird
sente o sofrimento e prossegue ao seu
encontro, pois acho que ele sente que,
se continuar de pé e presente, poderá
realmente observar – e então ser capaz de
seguir em frente. Acho que se você nunca
olhar para o problema, seja qual for – e
sua reação a ele –, seus sentimentos e sua
dor de cabeça serão apenas algo que você
guardará dentro de si. E Laird não faz
isso. Ele não tem tantas coisas guardadas
dentro de si.
Ele realmente sente – ele sente tudo e não
precisa esperar anos e anos para sentir.

–GABBY REECE

Ou você está lutando contra si mesmo, sendo constantemente atingido pela vida, ou está no comando dela.

Ou você está pensando: "Não posso acreditar que estou tendo esses pensamentos" – e isso criará um monte de conflitos e pressões adicionais – ou, em vez disso, você responde: "Ah, sim, isso é normal; não é ótimo, mas é normal, pois coisas ruins acontecem. Vou encarar e superar."

O visível e o invisível estão afetando o seu equilíbrio – o seu organismo. Onde fica a sua casa, quem são seus vizinhos, para onde o vento está soprando. Você está acordando antes de o Sol nascer ou desperta junto com o Sol? A que horas você vai para a cama? Você pode dormir dez horas por dia, mas se for para a cama à uma hora da manhã depois de beber um engradado ou jogar algum jogo de computador – absorvendo todo o brilho da tela – e estiver dormindo até o meio-dia... bem, isso não é um bom sono. Não é propriamente relaxante. É algo que te faz regredir.

O descanso é como a hidratação. Você está descansado ou não. E se você não estiver, será afetado em todas as outras funções – físicas, mentais e emocionais.

Mas nossa conectividade vai muito, muito além de apenas nós mesmos. Cada conexão que devemos ter enquanto organismo evoluído, e ainda em evolução, é importante para o nosso desenvolvimento físico, emocional e espiritual.

Sair e estar conectado com a natureza – observar os pássaros, olhar o pôr do sol, olhar as estrelas. Tudo isso faz parte da nossa interconexão com o lugar de onde viemos. Isso nos conecta de volta à realidade do que somos e de quem somos.

Estar na natureza é um exercício de honestidade. Ela nos lembra de que não somos um "super-meta-ser" que veio flutuando de algum lugar acima das nuvens.

Todos temos diferentes maneiras de nos conectar. Algumas são muito particulares.

Por exemplo, sentado aqui em casa agora, não tenho o tipo de condições que me fazem sentir completo – não estou no mar com a frequência que gostaria; mas ainda sou capaz de compensar a ausência disso e do que isso faz à minha psique com treinamento intenso, bom aprendizado construtivo, com sair por aí, ter amigos por perto: enaltecendo as pessoas que são positivas e têm pontos de vista e ideias interessantes.

Além disso, posso olhar para minhas inovações e ideias de desenvolvimento como uma forma diferente de reforçar o meu sistema.

Precisamos exercitar cada aspecto de nós mesmos continuamente; e entender que metade da arte está em como nos calibramos entre eles.

Tudo faz parte do todo. Quando lembramos que tudo se conecta a todo o resto, ficamos mais vigilantes, certo? Nós nos tornamos capazes de neutralizar e recalibrar, usando iguais e opostos, ou outros aspectos complementares de nós mesmos e de nossas vidas; para dominar aquilo que vem ao nosso encontro.

E quando digo "o todo", quero dizer em relação a ambos os nossos lados. Se eu reproduzisse apenas a fisicalidade de estar no mar, não seria o suficiente. Seria limitante.

Acho que por eu estar enraizado em um mundo muito físico – você sabe, "Homem domina a grande onda" –, eles pensam: "Ah certo, o cara do surfe, atleta marombeiro. Alfa. Ele é alfa."

Eu simplesmente não me ligo nessa coisa de "macho alfa" se for apenas algo físico e sem sentimento. É muito limitante. Eu quero desenvolver o todo, e isso é muito mais do que apenas agressividade ou força. É a verdadeira conexão. É a honestidade. É a conexão entre a fisicalidade da coragem e a sensibilidade da compaixão. A natureza exige que entendamos esses dois lados de nós mesmos – nossos lados masculino e feminino. Que os entendamos e que nos conectemos a eles.

Se você vem com a ideia idiota de ser apenas o maioral, você pode conseguir alcançar algumas metas, algumas vitórias; mas, mais cedo ou mais tarde, você vai fracassar. Especialmente se estiver levando isso para a natureza. Você está se apresentando com apenas metade do organismo.

Suponho que, no mundo em que vivo, fazer o que amo é uma educação nesse sentido. Eu cometi esse erro. Se você não trouxer todo o seu ser para o oceano – se apenas trouxer a agressividade –, ele vai te acertar de volta com agressividade. Você não pode intimidar o oceano. Você não "ganha" contra o oceano. Você coexiste com respeito. Ou ele vai te machucar.

Se você vive perto da natureza – junto a ela –, você consegue isso. Os havaianos entendem. O misticismo havaiano tem essa conectividade bem no centro de tudo. Conectividade e respeito. Isso é sobrevivência. Se você tiver que trabalhar com isso, com o oceano ao seu redor, sua parte física muda. Isso molda a sua espiritualidade.

Os antigos havaianos acreditavam que todo
o tempo é agora.
Eles acreditavam que havia um corpo de
vida ao qual eles, a terra, o mar, o céu e
a terra pertenciam.
Tudo está conectado por meio dos
cordões *aka*.
Essas conexões podem ser criadas com
pensamentos ou intenção. Os cordões *aka*
são receptáculos e/ou condutores de *mana*.
Eles podem ser ativados com atenção e
concentração sustentada.

–Christina Pratt,
*An Encyclopedia of Shamanism*

A consciência exige conectividade, paciência, abertura. A fisicalidade não é apenas acertar a prancha contra uma onda. Ou ficar sarado para poder surfar por mais tempo.

O oceano precisa de mais – de mim, com certeza. Quando estou surfando, meu coração faz mais do que apenas manter o sangue nas minhas pernas e no meu cérebro, as minhas engrenagens girando.

Ele me conecta com a emoção e a energia ao meu redor. Essa é a única maneira de eu conseguir fazer o que faço.

Realizações, sejam elas alcançadas intelectual, física, financeira ou espiritualmente, tornam-se vazias se não estiverem conectadas a algo maior. Você precisa ter um pouco de humildade em algum lugar ou está ferrado.

Tenho um amigo que é atleta profissional. Eu disse a ele: "Se você passa todo o seu tempo em um estádio com 50 mil pessoas gritando o seu nome, é melhor você sair um pouco e fazer uma trilha. Ponha-se debaixo de uma grande árvore, sente-se lá e fique sozinho. Essa é a única maneira de equilibrar a natureza opressora do seu trabalho diário. Essa é a única maneira de compensar toda essa atenção, todo esse ego e tudo mais."

A única maneira de fazer isso é estar solitário: sem ninguém. Tente criar algum equilíbrio – tente criar algum tipo de efeito de ancoragem; caso contrário, você ficará superinflado com todas essas coisas.

Você se tornará como um balão de hélio – você perderá a conexão, perderá a amarra e simplesmente flutuará.

Nossa conexão com a natureza e sua capacidade de nos curar e de nos ajudar remonta sempre ao ambiente no qual estivemos por mais tempo – o ambiente em que passamos a maior parte de nosso tempo evolutivo. É voltar ao fato de que passamos mais de 100 mil gerações de nossa evolução na natureza.

E essa evolução nos encheu de interruptores, muitos dos quais perdemos a capacidade de acionar. Há tanta coisa desconhecida em nós daquela época. Protocolos, programas, interruptores.

A natureza simplifica as coisas para nós. Nela não precisamos decidir entre ciência ou espiritualidade. A natureza é composta de ambas as coisas, bem diante de nós; é tudo o que sabemos e muito do que ainda não conhecemos, tudo embrulhado em algo grande e belo.

Somos feitos das mesmas coisas. Compartilhamos 99% de nossa composição genética com todos os organismos vivos do planeta, com todas as criaturas da natureza. E isso ao longo do tempo, certo? Do começo até agora. E enquanto existirmos como espécie. Nós somos a mesma coisa. As mesmas partículas. Formas diferentes, talvez. Naturezas diferentes. Funções diferentes, mas com a mesma matéria-prima.

Somos nós e somos tudo isso. De certa forma, devemos olhar para a natureza como se estivéssemos nos olhando no espelho, certo?

Talvez seja por isso que ver o estado dos oceanos é tão perturbador para mim. Parte de mim está doente. Parte de mim não está legal, não é? Engasgando com todo esse plástico; sofrendo com a pesca predatória; sendo ignorado. Se eu usar a natureza como um espelho de mim mesmo enquanto criatura, enquanto organismo, eu estou sofrendo.

É por isso que a meditação é tão popular. É uma forma de responder a essa necessidade de conexão, de equilíbrio. Você tira meio segundo para fechar os olhos e ouvir a sua respiração, realmente sentir o organismo trabalhando.

Precisamos ter tempo para nos imaginar como a partícula do tempo que somos. Quanto mais o fizermos, menos surpreendente será quando descobrimos que há algo muito maior do que nós, que há coisas que sabemos e coisas que não sabemos.

> Aqueles breves momentos em que eu (...) sou cativado pelo que me rodeia, ou quando não faço nada mais do que estudar uma rocha com musgo verde e me vejo incapaz de desviar os olhos, ou então quando simplesmente seguro uma criança nos braços, são os maiores.
> O tempo para, e o presente não está mais em oposição ao passado e ao futuro (...) Você experimenta a plenitude do tempo no momento.
>
> —Erling Kagge,
> *Silence: in the Age of Noise*

Mas é novamente aquele lance de "não atire no mensageiro". Há muitas pessoas no mundo que investem na parte física – muita fisicalidade –, o que é ótimo: correr maratonas, escalar montanhas, competir na Ironman, praticar triatlos, malhação pesada – mas as coisas não estão realmente conectadas. A não ser o ego.

É tipo: "Natureza? Meditação? Isso não serve para mim; é coisa de *hippie*. Cristais e apanhadores de sonhos. Não sou isso. Eu sou do tipo trabalhador, certo? Energizado. Que faz coisas. Que está em forma. Sarado. Não tenho tempo para esses lances de conexão com a natureza."

Bem, ok, você não tem tempo para essas coisas, para a natureza, para o espaço – até ficar doente ou sua mente explodir com toda essa porcaria; acredite em mim, em algum momento isso vai acontecer, a menos que você seja um completo psicopata.

E nesse ponto você vai cair na real e começar a procurar algo mais profundo, ou vai simplesmente desaparecer por conta própria.

Não que isso seja difícil. A meditação pode ser tão fácil quanto dar um passeio no parque. Na verdade, ela pode ser um passeio no parque. Qualquer pequena coisa ajuda. Apenas perceber uma mudança nas estações. Ou a luz do sol em uma árvore. Abra-se para isso. Conecte-se a essas coisas, e sua vida imediatamente vai melhorar.

A natureza está em nós, e respondemos a ela de forma mensurável. Não tem nada de estranho. Existem inúmeros artigos científicos e acadêmicos sobre os benefícios de estarmos na natureza. A natureza faz parte das criaturas brilhantes que somos.

Eu vejo isso acontecer o tempo todo. Sempre que nos aproximamos da natureza, especialmente da grande natureza – ondas, montanhas, cavernas –, as pessoas sempre ficam tipo: "Uau, por que estou sempre sentindo que algo me falta? Eu tenho tudo bem aqui. Está tudo aqui na minha frente." Isso é honestidade. A verdade nua e crua.

O que você precisa é *nada* – e não quero dizer que você não precisa de nada. Quero dizer, o que você precisa é do nada que pode advir de se chegar até lá.

Existe um certo aspecto do nada, quando você está sentado em sua prancha, no mar, ou no meio de uma floresta, ou no topo de uma colina, em um parque, onde for. Talvez você tenha um amigo com você, talvez não tenha, mas você se coloca em isolamento – você vai e se submete ao isolamento – e é incrivelmente gratificante.

É meio irônico que um dos tipos mais legais de conexão seja quando nos desconectamos de tudo com o que normalmente ocupamos nossas vidas, mas através disso estejamos nos conectando a algo muito mais antigo e profundo.

E você está recebendo ali um pouco de humildade. Debaixo daquela árvore. Naquele parque. Olhando para o mar, ouvindo-o rugir.

Você é um organismo entre quatrilhões de outros, preso à superfície de um planeta que está girando a 1900 quilômetros por hora.

E você está viajando a 49 mil quilômetros por hora através de um cosmos embalado com uma fonte infinita de matérias clara e escura, das quais o nosso entendimento atual nos diz que nós e tudo mais que existe somos feitos.

Então é claro que quando você faz isso, quando está na natureza, você está recarregando algo no sistema que não recebe através de todas essas outras coisas que você faz – através da comunidade, de ter um bom estilo de vida, de boas informações e um bom aprendizado. O isolamento, o desejo de estar na natureza, é disso que você precisa. O isolamento na natureza, assim como a nossa respiração, pode nos entregar os seus dons.

```
Estamos confinados ao que a Natureza
nos serve.
```

—Laird Hamilton

```
Aquela que realmente o conquista – a maior
professora de todas –, a Mãe Natureza.
Se ela não estiver fornecendo, Laird
estará sempre se confrontando com o
desejo por algo; algo pelo qual ele está
sempre esperando.
"Será que elas virão novamente? Serei
capaz de estar no lugar certo?
Serei capaz de ter um bom desempenho se
estiver no lugar certo? Será que
vai acontecer neste inverno? Será
que não vai acontecer?"
É um tema recorrente em sua vida o de
que há uma parte dele sempre esperando e
desejando a chegada das ondas. Para ele,
há muito sofrimento envolvido. É um anseio:
um anseio constante. Você sabe quantas
```

maldkitas vezes por dia o Laird sai para
olhar o mar?
E também há uma espécie de sabedoria – de
que ele se sente assim e que
vai acontecer, mas ele simplesmente
não sabe quando.

–Gabby Reece

Minha sensação é de que, até decifrarmos essas coisas, nós apenas olhamos para o buraco de nossas vidas e o preenchemos com tudo e mais alguma coisa. Estamos apenas despejando tudo o que conseguimos, mas não recebemos aquilo de que precisamos.

É interessante para mim como o verde é uma cor calmante. Verde, representando a natureza, essa é a cor mágica para nós enquanto espécie.

Não sei o que veio primeiro: o verde nos acalma, então por isso somos atraídos pelo verde da natureza? Ficamos conscientes disso para poder atender a esse desejo? Ou o fato de estarmos na natureza por tanto tempo nos fez sentir atração pelo verde? Quem saberá?

Mas eu acho que, uma vez que você percebe a importância de pequenas coisas como essa – e apenas lhes confere um pouco de respeito e se conecta a elas – os efeitos são notáveis.

Como as plantas dentro de casa; como animais de estimação; essas são maneiras de nos reconectar à natureza. Nos sentimos melhor depois de caminhar pelo parque ou na floresta porque estamos entre amigos.

As árvores são nossas amigas. Estamos conectados a elas e elas a nós de uma forma incrivelmente simples. Nós fazemos parte de como cada um existe neste planeta. Somos interdependentes – expiramos o que elas inspiram; nós inspiramos o que elas expiram. Não fica mais simples ou profundo do que isso.

Os benefícios da conectividade estão em toda parte. Fique descalço por um segundo. Olhe para as estrelas. São maneiras realmente simples de se reconectar. Você vai sentir a recompensa. Não é tão difícil de implementar. É por isso que a respiração é tão importante – porque é uma troca entre você e o mundo ao seu redor. Essa é a existência. Você está negociando com o cosmos bem ali – a cada respiração, você está trocando átomos com o cosmos.

Então se você está pensando: "Ok, eu entendi esse lance de conexão", você pode estar se perguntando como agir em cima disso. Ou isso age em você? Essa superconectividade simplesmente acontece? Acordamos um dia e pensamos: "Nossa, estou tão conectado". Ou temos que dar a partida?

Bem, acho que é uma combinação de ambos, mas requer aplicação. Você não ganha nada sem fazer nada. Quer dizer, qual é o número mágico para realmente se aprender algo; enraizar algo em você a ponto de passar de consciente a inconsciente? Dez mil horas? Provavelmente há algo a ser dito sobre isso.

Ter consciência, como a consciência de sua respiração, a consciência da sua conexão – essa é a base para criar o relacionamento, colher as recompensas da compreensão.

Ao final, tudo retorna para o coração, porque voltamos ao fato de que, intuitivamente, estamos conectados ao mundo ao nosso redor. O campo eletromagnético em nós se conecta ao dos organismos à nossa volta. Precisamos dessa conectividade para nos tornarmos inteiros, certo? Completude.

É a relação entre esses dois aspectos – a natureza dentro de nós e a natureza ao nosso redor, e como elas interagem – que molda o nosso todo. Quer dizer, é claro que eles se calibram de maneira um pouco diferente dependendo da situação em que estamos, mas precisam estar engajados – caso contrário, estaremos apenas cumprindo tabela. Não estamos nos expandindo para o mundo em que vivemos e permitindo que ele entre em nós; não estamos compartilhando; não estamos retribuindo.

É mais ou menos assim: "Eu sigo uma dieta e ignoro a forma como a comida faz eu me sentir" *versus* "Ok, estou comendo e pensando que isso faz eu me sentir todo inchado". "Oh, isso me faz sentir de tal jeito." Sabe, estou respondendo à situação, sendo sensível o suficiente para sentir os efeitos – isso também faz parte; mas, sabe, talvez seja necessário começar com uma lista de checagem e depois trabalhar na sensibilidade de ser capaz de sentir. Simplificar as coisas.

Portanto: respiração, consciência, coração, comunidade, todas essas nossas dimensões que disparam umas com as outras, isso é conectividade para mim – não é a do tipo que recebo por meio de um smartphone.

Acho que com a era da tecnologia digital em que vivemos, hoje temos uma ideia um pouco distorcida de conectividade. E precisamos apenas estar atentos a isso, estar cientes.

A tecnologia é ótima e nós temos muitos aplicativos e plataformas de medição, certo? E estamos todos compartilhando essas coisas. Compartilhando todos esses dados. E há pessoas controlando os números. Milhões de algoritmos processando todos esses dados. Definindo normas e metas no mundo.

Mas estamos nos colocando em uma escala que é medida a partir de uma média estranha: como se fôssemos todos o mesmo carro. E então estamos comparando. Comparando tudo. Dois cliques em uma direção. Cinco na outra. Três pontos para cima, quatro pontos para baixo.

Estou no meu limite no que diz respeito aos números; mas talvez você não esteja no seu, e o que isso significa?

Sério, eu não acho que no fim das contas isso nos leve a lugar algum.

É até divertido e nós brincamos com isso, mas saber de verdade se você está no seu limite ou não? Você precisa ser capaz de se conectar consigo mesmo para descobrir. Você tem que se conectar em um nível profundo o suficiente, porque, no fim, você é o melhor juiz.

É você que decide: "Isso é muito difícil" ou "Isso é muito fácil", não usa uma balança para isso. Já tive momentos em que eu estava na zona ideal de queima de calorias e eu sabia disso, mas se verificava na balança ou media, os dados me diziam.

Existe confusão ou contradição em algumas dessas coisas. Quando parece contraintuitivo, eu me perco.

Mas o principal é que eu acho que meio que perdi o sentido de tudo isso. Acho que nos prendemos muito aos detalhes e esquecemos os objetivos. O objetivo e os detalhes da ação que estamos realizando devem permanecer conectados; caso contrário, apenas vamos nos sobrecarregar.

> É um pouco parecido com o que eles chamam de "kluge" na programação de *software* – um fenômeno em que você inicializa outro pedaço de *software* e depois outro e depois outro até que em certo ponto você tem esse rolo compressor de deselegância e não simplicidade. As pessoas deixam de ser capazes de integrar todas essas coisas atiradas em sua direção. Essa dieta, esse regime, essa prática, esse podcast. Precisamos de processos sustentáveis que sejam básicos e simples. Com isso, você pode obter uma extraordinária profundidade de funções, com base em algoritmos realmente simples. Precisamos recuar na complexidade.
>
> –Kelly Starrett

Existem maneiras de usar a tecnologia e medições bastante científicas para te ajudar a fazer as coisas.

É interessante usar diferentes tipos de monitores cardíacos, seja para aprender a desacelerar sua frequência cardíaca rapidamente – como uma forma de ter um ponto de referência, uma forma de saber qual protocolo você pode seguir para diminuir a sua frequência depressa – ou até que ponto ela se eleva quando você está na sauna?

Essas são coisas específicas que você usa para identificar ou confirmar: "Ah, é assim que funciona" ou "Eu posso fazer isso e isso acontece". Sempre há lugar para os instrumentos, mas tem que ser algo mais ligado à investigação, ok?

Se isso se tornar tudo o que você faz – você apenas coleta dados o tempo todo e compara com tudo e qualquer coisa –, se você perder de vista o objetivo, os instrumentos perdem o seu propósito.

Mas sejamos claros aqui. A tecnologia e a forma como a inovação colocou esses instrumentos de especificações superaltos nas mãos de todos são mudanças no jogo para nós como criaturas.

Tem sido uma das alavancas mais poderosas para tirar muitas pessoas da inércia e sair para o mundo.

Pegue o Fitbit e a tecnologia de medição pessoal – essas coisas inspiraram milhões de pessoas a se mover, e a continuar se movendo e melhorando. Precisamos disso tanto quanto possível.

Digamos que o objetivo seja chegar ao topo da colina o mais rápido possível, certo? E então os detalhes são as coisas que acontecem ao longo do caminho: Para onde posso ir? Quando poderei me recompor? Quando posso ir com força? Tudo isso. Às vezes, estamos tão envolvidos com essas coisas, com essa medição, com esses dados inteligentes, que nos esquecemos de que estamos apenas tentando chegar ao topo da colina.

Sempre volto a como amamos disfarçar a imperfeição usando a complexidade. Se houver falta de perfeição, apenas colocamos um monte de adereços nela. Quando, na verdade, o que realmente importa é que você está apenas tentando subir a colina depressa.

```
Eu vivo no mundo do desempenho humano,
e o número de atletas profissionais que
vejo; as equipes universitárias com as
quais trabalho; o número de organizações
profissionais e grupos militares que
aconselho – todos estão se debatendo.
O problema com as mídias sociais é que
estamos mais distendidos e dissociados do
que nunca. Então, tento pensar criticamente
```

> sobre como podemos organizar a prática
> física para retomar mais tempo livre, tempo
> de brincadeira, tempo de curtição – como
> podemos fazer fluir a prática física?
>
> –Kelly Starrett

Use instrumentos e ferramentas para percorrer essa jornada. É conhecimento. É um pouco de sabedoria para te ajudar, mas certifique-se de que essas ferramentas e o seu objetivo permaneçam conectados.

E quando você chegar ao topo da montanha? Faça uma pausa. Não corra imediatamente para descer pelo outro lado porque você tem que ir fazer outra coisa. Dê um tempo. Você sobe até o topo de uma montanha pra fazer alguma coisa – a única razão pela qual vamos até lá é para nos superar. Para nos testar. Tire um tempo para apreciar. Você merece.

Estamos perdendo a capacidade de tirar um tempo. Tudo está se acelerando e a vítima é o tempo – e a quietude. E, por fim, a conectividade.

E a ironia é que todas as coisas destinadas a nos acelerar, na verdade, muitas vezes, estão criando atraso – não o removendo.

Eu estava no meu carro ontem parado na fila do semáforo e olhei para o carro ao meu lado e havia duas pessoas lá – a garota estava olhando para o celular dela e o cara estava olhando para o dele. E o semáforo ficou verde e eu segui, mas então eu olho para trás e eles ainda estão sentados lá no sinal – no celular – e eu pensei: "Como isso pode ser bom? De que forma isso está nos fazendo evoluir?" Na verdade, na metade do tempo estamos atrasando nossas vidas.

A tecnologia supostamente deveria ser aquilo que nos ajuda a acelerar. Devemos nos tornar mais eficientes – esse é o objetivo.

Mas, na maioria das vezes, ela parece simplesmente criar mais atrasos. Como a demora do e-mail. Para ter uma conversa rigorosa por e-mail, eu envio um e-mail e digo o que quero dizer; então você me envia um e-mail e diz o que você quer dizer. E então, quando terminamos, o processo todo demorou uma semana, quando, em termos humanos reais, foi uma conversa que poderíamos ter tido numa ligação de dez minutos – mas levou uma semana.

Todos esses caras dos games e da realidade virtual e tudo mais – todos eles estão tentando eliminar a latência. Acabar com a defasagem entre o comando e a ação. Tornar tudo imediato. Sem atrasos, sem falhas, sem interferência, mas é como se aquela falha que eles estão tentando resolver tivesse que ir para algum lugar – e foi passada para nós, certo? Toda a tecnologia está avançando como um foguete e nós estamos apenas sentados lá, absorvendo.

Vamos ser claros, a tecnologia é incrível. Não podemos simplesmente dizer: "Oooh, tecnologia, isso é ruim". É apenas um pensamento preguiçoso e um jogo de culpa. É algo muito humano o que estamos fazendo. O que amamos fazer é pegar coisas incríveis e abusar delas. Nós nos estragamos nisso; fazemos isso com bebida, comida, com tudo.

A parte disso com minhas filhas é a mais assustadora de todas para mim. Elas são de uma época em que isso sempre existiu. E não sabemos o nível do impacto. Temos um instinto. Intuímos que nem tudo é bom.

É um pouco como quando os cigarros eram legais e estava tudo bem, e todo mundo fumava em todo lugar e todo mundo dizia: "Ei, está tudo bem", mas era apenas uma questão de tempo até que todos tivessem enfisema e repentinamente tudo se tornasse uma epidemia de doenças relacionadas ao fumo.

O lugar para onde a tecnologia está nos levando está novamente em um outro nível. A tecnologia está nos reprogramando. Redirecionando vias neurais – desde uma idade muito jovem. Nós nem mesmo entendemos as implicações disso ainda, mas não temos dados para provar que isso é apenas uma coisa boa.

Minha preocupação é que isso está potencialmente nos afastando ainda mais de um estado de ser do qual já estamos muito distantes – estamos nos tornando ainda menos conectados. Por estarmos mais conectados, ficamos menos conectados. Por sermos mais rápidos, estamos nos tornando mais atrasados. O clássico "luz e sombra".

Em seu nível ideal, a tecnologia faz algo incrível. Posso ver e saber tudo de forma instantânea. Posso ver a previsão do tempo de uma semana, para então fazer algum planejamento em torno disso, e posso pesquisar no Google qualquer pergunta que eu tiver e alguém vai me dar alguma resposta, mesmo que não seja a correta.

Essa é a ironia – aquilo que é tão eficiente gera tanta ineficiência.

Estamos entrando na linguagem de sinais; agora temos emojis. Em nossa busca por inteligência, estamos nos tornando mais tolos, e o que você nota nas crianças é que há uma redução no *fazer*.

Elas parecem estar fazendo menos.

Parece que nos tornamos mais complacentes em relação a isso. Você pensaria que nos motivaria a fazer mais coisas, porque você pode ver tantas coisas legais e pensar: "Uau, olhe para isso, olhe para aquilo!", mas parece não ter esse efeito; parece que a gente nem tem vontade de sair do sofá e ir lá *fazer* aquilo – porque *vemos* alguém fazendo. Ação indireta.

O dispositivo inteligente está, em muitos casos, nos embotando – embotando nosso desempenho. Ele também encolhe o nosso mundo. Esquecemos de olhar para cima. Esquecemos de nos envolver. Apenas olhamos para baixo. Levante a cabeça. Olhe para onde você está indo. Eu também sou vítima. Eu estou dirigindo na estrada e penso: "Ei, guarda isso daí..."

Acho que temos que fazer um verdadeiro esforço consciente para deixar essas coisas de lado. Há uma hora, um lugar e uma função – e elas são incríveis. O que você pode fazer é fenomenal, mas precisa saber como desligar. Voltamos à necessidade de trazer a consciência sobre isso.

Estamos literalmente nos perdendo em máquinas. Toda a nossa identidade não está apenas sendo formada por elas – mas sendo hospedada por elas.

Estamos abrindo mão da responsabilidade por nossa identidade. Não queremos muito trabalho. Memória humana? Deixa eu conseguir algo que faça isso por mim, para que eu não tenha que ser responsável por mim mesmo. A memória humana vai acabar ficando guardada em um bilhão de discos rígidos e cartões de armazenamento de telefone – e ninguém nem mesmo olha para essas coisas. Estamos desenvolvendo memórias de Snapchat. Num minuto está aí. No minuto seguinte, se foi.

> A *New York Review of Books* rotulou a batalha entre os produtores de aplicativos de "as novas guerras do ópio", e o jornal afirma que "os marqueteiros adotaram o vício como uma estratégia comercial explícita".
> A única diferença é que os traficantes não estão vendendo um produto que pode ser fumado em um cachimbo, mas, sim, ingerido por meio de aplicativos revestidos de açúcar.
>
> ERLING KAGGE,
> SILENCE: IN THE AGE OF NOISE

Isso é uma parte importante de tudo o que fazemos. É tipo: "Como posso entrar em forma sem malhar? Como posso ficar inteligente sem ler livros?" Estamos sempre procurando o caminho de menor resistência, sempre, não importa o que aconteça – em todos os campos. Não me faça comer algo que tem um gosto terrível para entrar em forma. Como faço para encontrar algo que seja palatável?

Essa é a parte doce. Açúcar em tudo, mas não se trata apenas de anúncios de rosquinhas e refrigerantes.

A verdadeira questão reside em nós. Dentro de nos – conectada ao nosso DNA.

Parte da razão de sermos assim é porque, na natureza, ter gosto doce é sinal de segurança. Cultivado em doçura. É seguro comer.

Na natureza, o doce significa segurança. Novamente, se buscamos respostas, olhar para trás em nossas 100 mil gerações de evolução na natureza não é um mau lugar para começar. Estamos retornando aos interruptores dentro de nós e nem mesmo percebemos.

Em termos nutricionais, ainda agimos nesse modo e não vamos perder esse impulso tão cedo, então é melhor aprendermos como viver com isso – porque você não faz o DNA simplesmente desaparecer.

O DNA – a forma como somos programados – não desaparece simplesmente. É como fazer as pessoas mudarem para poderem se ajustar à escola. Vamos mudar o aluno para que ele se encaixe na escola. A escola não está uma bagunça. As crianças é que estão atrapalhadas. Vamos mudá-las. Vamos alimentar as crianças com Ritalina.

Vamos drogá-las e torná-las mais adequadas a lidar com esse ambiente estressante – e esses programas de estudo estressantes. Novamente, isso se resume à desconexão entre as coisas.

Houve um tempo em que respeitávamos a sabedoria – ouvíamos a sabedoria, e as gerações mais antigas que a haviam carregado. E então perdemos a sabedoria e fomos atrás do dinheiro.

Foi quando as coisas mudaram muito. De repente, é como: "Bem, você pode ter sabedoria, mas está me impedindo de obter mais status, mais dinheiro, então temos que te colocar naquele canto. Te colocar de lado" – em vez de: "Olha, você tem algo valioso e eu quero estar perto disso e aprender".

Ok, temos problemas com as gerações passadas e com algumas das coisas que elas fizeram quando eram responsáveis por tudo; o mundo em que viviam influenciava a forma como agiam e como ainda agem agora.

O mundo em que vivemos hoje não é o que era, e muitos deles não gostam – por isso os marginalizamos.

Mas, dito isso, acho que uma grande parte desse lance que estamos perdendo é este aspecto de respeitar os mais velhos e, consequentemente, aprender com sua sabedoria.

Os velhos são receptáculos de experiência. São guardiões de muitas experiências de vida. E não há aplicativo para isso, certo? Não há nenhum programador adolescente com tanta vivência nas costas. Essa é a parte que parece que esquecemos. Ficamos cegos para o fato de que, de algum jeito, forma ou maneira, as antigas gerações possuem uma série de lições de vida.

E tem o lance genético. Se você quiser saber de onde você é, as culturas e a memória social das quais você é parte – e como você está conectado a tudo que existe e como tudo funciona –, olhe para os seus parentes. Principalmente os antigos.

Houve uma época em que se você quisesse saber alguma coisa, qualquer coisa, haveria uma tia velha ou alguém que diria: "Oooh, você tem um pouco de seu tio-avô em você", ou "Você é o seu avô quando menino".

Como humanos, precisamos desse tipo de conectividade. Precisamos desse tipo de laço.

No final, esse tipo de conectividade vai te ensinar mais sobre o que é importante do que o smartphone mais inteligente que você puder me mostrar.

A resposta meditativa a tudo isso – o que esse trabalho de respiração nos traz, o que o exercício nos proporciona – é apenas o lembrete de quem somos e onde estamos – e de onde viemos. De como nós evoluímos. E precisamos desses lembretes; caso contrário, ficamos complacentes.

Essa é a nossa inteligência em evolução, o conhecimento que estamos coletando, o testar e melhorar, ser mais eficiente. Toda essa busca por eficiência, a fim de sobreviver. Procurar formas mais fáceis de coletar e armazenar as coisas.

Nossa tecnologia mais recente acabou por colocar isso numa supervelocidade. Supercarregada. Mas há uma desvantagem.

É como com as nozes de macadâmia. Se eu tenho que quebrar cada uma delas, uma por uma, eu só consigo comer uma certa quantia, e elas são preciosas. Elas requerem energia para serem consumidas. E a energia é preciosa. Então elas são preciosas, correto?

Estamos restritos em nossa capacidade de exagerar na auto-indulgência.

Mas, uma vez que nós rompemos com esse sistema, uma vez que industrializamos esse esforço, eu posso obter um grande saco de macadâmias e posso armazená-las. Eu posso comê-las aos punhados – até que no final eu penso: "Macadâmia? Ok, nada demais."

Como você exploraria as minas se não tivesse bombas, mangueiras e pressão? Você encontraria ouro apenas no córrego, e você só encontraria aquele tanto que estava no córrego, e você não iria arruinar o ecossistema.

Todo mundo sempre gosta de dizer que as culturas indígenas viviam em harmonia com o meio ambiente – e eu digo: "Bem, sim e não. Eles simplesmente não tinham os meios para estragar tudo da maneira que nós fizemos."

Em seu livro *Sapiens: uma breve história da humanidade*, Yuval Noah Harari nos diz que o *Homo sapiens* foi para a Austrália, e após mil anos de sua chegada, 25 dos maiores mamíferos que viviam lá estavam extintos. Então, mesmo em nossa forma menos evoluída, podemos rapidamente estragar tudo. Descobrimos de forma rápida a maneira mais fácil de conseguir mais.

Você ouve histórias sobre os indígenas nativos, de que eles não fizeram nada que afetasse o meio ambiente por mais de sete gerações.

Eu entendo que quando você está vivendo no ambiente, o seu relacionamento é mais profundo com ele, você fica mais preocupado; mas, assim que começa a criar casas, estruturas dentro das quais viver, você começa a perder essa conexão.

Nós nos isolamos da natureza – e, ao fazer isso, perdemos cada vez mais a nossa conexão e a intimidade com ela, o que nos tornou muito mais imprudentes.

Há uma imprudência que vem da falta de intimidade, aquela perda de proximidade. É como o ditado: "Fora da vista, fora da mente".

Esse é o maior problema com o oceano – nós não estamos conectados a ele. Nós pesquisamos menos o oceano do que a nossa galáxia: apenas 2% ou 3% de todo o oceano foram pesquisados. Metade das pessoas não entra nele ou não tem conhecimentos a seu respeito. Nós apenas despejamos a merda no rio e o rio deságua no oceano. Ou simplesmente a despejamos de um navio, e a deixamos afundar.

O que existe em nós que nos faz fazer as coisas que fazemos? De fato, tudo está conectado, mas nós nos esquecemos. Temos que encontrar uma maneira de nos reconectar. Voltar a respeitar. Aceitar o que sabemos e o que não sabemos. E respeitar ambos.

É aqui que o científico e o espiritual se enlaçam, certo? Mas a "espiritualidade" parece ser uma palavra perigosa nos dias de hoje.

Qualquer coisa que aceite que existe algo além de nós é tachado de sentimental, tolo ou delirante, mas estamos falhando até mesmo com as coisas que conhecemos. Estamos falhando até mesmo em tomar conhecimento da ciência. De como todas as coisas se afetam. E como, uma vez conectadas, elas permanecem conectadas.

Precisamos fazer com que as pessoas se engajem em ser terrenas – pessoas da Terra, que entendem como ela funciona. Pessoas que entendem como tudo se conecta. Como tudo é inter-relacionado e interdependente.

Por exemplo, precisamos que mais pessoas percebam que o ar da China leva sete dias para chegar à Califórnia. É tudo parte do nosso ar. É tudo parte do nosso mar. Todas as nossas árvores. Todos as nossas montanhas. Os ecossistemas do mundo estão interconectados e inter-relacionados.

Então a minha ideia é esta: quanto mais pessoas tivermos nadando no oceano, mais pessoas se preocuparão com o que é o oceano; então, se eu puder fazer mais pessoas irem ao mar para *paddleboard* ou *kitesurf*, eu farei isso.

Precisamos nos concentrar. Precisamos usar a tecnologia e a conectividade brilhantes que criamos para conectar todos os seres humanos aos oceanos que nos geraram, sempre que possível – para ajudá-los a entender que seu relacionamento com ele, e para ele, é algo sagrado.

Mas também precisamos sair da frente dessas telas por dez segundos e olhar para cima e ao redor de nós para ver o que diabos está acontecendo. Tudo está tentando nos oferecer pistas. O clima está tentando nos transmitir uma mensagem. Estamos muito envolvidos com outras coisas, muito envolvidos em nós mesmos para nos importar o suficiente.

Lembre-se: a evolução é mais esperta do que nós, e não é um privilégio único da nossa espécie. Se não formos cuidadosos, um planeta realmente inteligente e evoluído vai se purificar dos humanos, tipo: "Obrigado, caras, mas estamos bem aqui. Vocês podem se retirar."

> Temos que trabalhar para a unificação do conhecimento, temos que integrar essas práticas em um todo sustentável. Nem sempre você poderá ir a um retiro de uma semana e ter alguém para preparar suas refeições e te levar pela mão. Você tem que ir para casa e descobrir como tudo isso funciona no contexto da vida real. O que eu amo em Laird e Gabby é que eles fizeram isso. Eles não são monges; eles trabalham com mais intensidade do que qualquer um que eu conheço, eles têm suas filhas, eles têm cinco negócios, e eles não brincam com as coisas que tornam tudo isso possível.
>
> –KELLY STARRETT

Precisamos continuar evoluindo, aprendendo e crescendo. E para isso precisamos de conectividade. Precisamos do atrito da experiência. É meio como esculpir uma estátua. Você não tem certeza de qual parte criou a forma, pois há um monte de partes.

Mas aquelas que te mantêm humilde, grato e com consideração – e que talvez te tornem um pouco mais metódico ao encarar as coisas, um pouco menos imprudente em sua abordagem – as coisas que te salvaram ao longo do caminho: estas são as que nos moldam.

E você precisa sentir. Você não pode apenas pensar nelas. Tomar decisões usando apenas a razão e nunca envolver o instinto ou a intuição – isso não faz sentido para mim.

Como eu disse antes, o livro *Natural Born Heroes* diz que a compaixão é uma emoção-chave.

Você não pode ser verdadeiramente heroico sem ser compassivo. Ponto. Qualquer um que faça qualquer coisa heroica tem que ter compaixão. E eu diria que a compaixão é uma característica mais feminina.

A realização de um ego é limitante. A realização do seu espírito, da sua alma, é muito mais gratificante.

Como eu vim a descobrir, você pode ter a maior das conquistas, algo pelo qual esperou a vida toda, mas se ficou com o coração partido, ela não significa nada.

Isso é perspectiva. A realização deve estar relacionada à família, aos amigos. Essas são conquistas.

Eu já senti isso. Eu sei como é. Jaws [o pico de surfe em Pe'ahi, Maui] foi esse acontecimento para mim.

O outro lado de nós, em especial para os homens, está conectado à caça do passado. Nós ficamos voltados para a realização. A missão é a nossa presa. Nós capturamos o grande objetivo – qualquer que seja a versão moderna de uma jornada de caça bem-sucedida, e há glória nisso, mas no final temos que ter uma aldeia esperando por nós. Temos que ter uma família esperando por nós. Caso contrário, qual é o sentido? A glória vazia é uma sensação solitária.

É por isso que tantas pessoas que alcançam um objetivo de toda uma vida ficam deprimidas e decepcionadas no final – porque sentem falta da completude necessária para tornar o feito realmente gratificante – verdadeira, espiritualmente gratificante. Algumas pessoas têm versões diferentes daquilo que precisam, mas é isso que eu encontrei com a maioria dos caras que conheço. Essa é a verdade.

Eu sei que nos dias de hoje minha mente está mais conectada à família e, obviamente, ao meu relacionamento com a mulher que amo, mas é tudo isso, seja com os seus amigos ou seus colegas e companheiros de time, o que quer que se conecte com a completude do todo – essas são as riquezas. Isso é realização.

    Acho que, por conta das experiências pelas
    quais passou, Laird teve dificuldade em
    confiar nas pessoas.

> Ele continuou a ser testado e as pessoas
> continuavam tentando pegar no pé dele até
> o Ensino Médio - mas se você for atrás
> dessas pessoas, aquelas com quem ele
> brigou, posso garantir que elas tiveram uma
> mudança de sentimento. Eu acho que elas
> olhariam para ele respeitosamente
> como a um guerreiro havaiano. Então, em
> certo sentido, Laird ganhou o respeito de
> todo mundo.
>
> —Coppin Colburn

Afinal de contas, por que estou aqui? Para experimentar – para experimentar tudo o que há, certo?

A sua esperança é que você aprenda as lições para que possa evitar certas experiências que não são produtivas. Isso é o que o aprendizado deveria ser –, precisamos experimentar tudo.

Não sabemos quais são essas experiências – há incógnitas em qualquer ponto de nossas vidas. Coisas que ainda estão para ser experimentadas. O incompreensível. As coisas além de nós – até que elas acontecem.

É algo único para cada pessoa. Você não pode comparar a sua experiência com a minha, e eu não posso comparar a minha com a dele.

Então, qual seria o "porquê", para mim? O "porquê" é ser humano e experimentar tudo – experimentar o que é ser humano. No meu mundo, é o meu relacionamento com o oceano, com a família, com minhas filhas, meus amigos, meus sentimentos – e me refiro a *todos* os sentimentos.

Sentimentos de "Uau, eu e meus amigos somos mais amigos do que nunca. Minha família é boa. Minha família é ruim. Meus filhos estão bem. Meus filhos não estão bem. Estou forte. Não estou forte. Estou lesionado. Não estou lesionado. Eu surfei uma onda grande. Eu não surfei uma onda grande."

Tudo te conecta com quem você é. Mesmo aquilo em que você não é bom te conecta com aquilo que você é.

> Se você cortasse o Laird ao meio e olhasse os anéis, eles seriam todos iguais. Não há oscilação. Ele é sempre o mesmo, e isso não muda de um dia para o outro. É isso. Sua integridade vai até o cerne. Isso é algo que eu gostaria de me esforçar mais para alcançar.
>
> –Kelly Starrett

Eu vou mal nas coisas que não me intrigam. O problema é que só me intrigam as coisas com as quais tenho facilidade. Então eu sempre procuro tentar ser melhor em coisas nas quais eu não sou bom. Minha perspectiva é que eu sempre possa melhorar em tudo.

Talvez seja isso. Talvez este seja o meu problema. Minha tensão dinâmica. Talvez eu não seja bom em pensar que seja tão bom em algumas coisas. Talvez eu seja incapaz de realmente ficar contente com as coisas nas quais me dou bem – o que pode ser desagradável. É brutal, porque você está sempre duvidando, não importa o que as pessoas digam ou façam.

Qualquer objetivo é quase inatingível, porque eu não posso alcançá-lo – porque ele está sempre em movimento; porque, mesmo se eu chegar até ele, vou achar que não fui bem o suficiente, ou que eu poderia ter feito melhor.

Se eu estivesse na escola na Califórnia agora, eles teriam dez definições simplificadas para todos os meus problemas, e provavelmente estariam tentando me fazer tomar Ritalina ou algo assim, mas a questão então é: esta é uma característica natural? Ela está no organismo? Ou é algo aprendido? Natural ou nutrido?

Há uma longa lista, mas qual é a principal? Eu não sou bom em conseguir mudar minha personalidade, mas isso está conectado ao que eu conquistei. A tudo o que sou.

Tenho a sorte de ter sido capaz de evitar ingerir as coisas negativas. Não sou como um viciado em drogas. Meus vícios são saudáveis. Eu sou um viciado em saúde, viciado em comida saudável, viciado em surfe, mas se eu estivesse procurando um fio para amarrar todas essas coisas juntas, acho que o principal seria: eu nunca me senti bom o suficiente. Estava sempre pensando: "Será que eu poderia ficar mais forte? Será que eu poderia ser mais rápido?" É exaustivo, mas eu melhorei essa característica em mim, no sentido de que ainda não relaxei totalmente, mas também não coloco mais a quantidade de dúvida ou negatividade que eu provavelmente colocava quando era mais jovem.

Então, novamente, tenho esperança de que estou aprendendo. Eu acho que o que acontece é que, com o tempo, você simplesmente percebe a improdutividade dessa energia: é um desperdício. Você percebe que não vale a pena projetar essa energia negativa na vida. É um equilíbrio.

Acho que comecei a aprender como acessar a minha energia sem ter que sempre obtê-la de algo que vem de fora, mesmo que seja o oceano.

Eu sou uma pessoa bem mais agradável por conta disso. Chega um momento em você já tem uma ideia do que é preciso para obter algum tipo de equilíbrio, e qual o papel disso. E aí está o ciclo da vida.

Você saiu pelo mundo para descobrir que as coisas que você precisava já estavam na sua casa. E você percebe que está conectado por coisas que nunca tinha percebido. E que algumas coisas não são tão importantes quanto você pensava que eram. Como o oceano.

É bem estranho para mim – ter obtido tanto poder, e um dia você diz: "Na verdade, acho que já está de bom tamanho". Isso pode ser confuso. Porque, até certo ponto, isso é o que te manteve lá, aquilo de que você precisa – é parte de sua identidade. *É a sua identidade*. E então, de repente, um dia, já não é mais tão importante. Essa é a jornada.

Não acho que me cansei do mar. Ou que ele não seja mais uma grande parte da minha identidade, mas por muito tempo houve uma inquietação relacionada à Jaws que estava conectada à minha identidade. Eu precisava voltar a Jaws, surfar nas ondas e mostrar às pessoas o que eu conseguia fazer – e comprovar a minha identidade a partir disso. Então eu fiz.

No processo de entrar no mar e surfar, eu fui me sentindo bem em relação a isso. Eu fiz as pazes. Eu não tenho que fazer isso de novo. Estou bem com isso. Eu não sou um boxeador que precisa ser espancado até não conseguir mais se levantar. Eu não preciso disso.

Em Kaua'i, Laird faz apenas as suas atividades. Coisas bastante comuns. Leva uma existência consideravelmente anônima. Mas, sabe, ele teve que fazer algo muito radical e obter reconhecimento por isso, para então poder se tornar invisível – nivelar o campo de jogo.
Claro que a coisa de ser *ha'ole* às vezes vem à tona, mas nos últimos anos eu o vi quase transcender isso. Eu acho que ele meio que alcançou uma sensação de paz. Acho que ele vê isso e compreende.
Mas, em geral, ele teve que receber alguns elogios bem extremos para poder apenas circular pela ilha. Para conseguir apenas ser invisível.

–GABBY REECE

Mas eu vejo como isso pode acontecer – se tudo ainda estivesse conectado, se ainda me definisse, me consumisse, eu teria que fazer as pazes. Mas, novamente, é algo que remonta à família e aos amigos e a todo esse lado em que você ganha algo muito mais profundo quando vai além de tudo isso. Você sobe até o cume e enxerga algo maior.

Você percebe que representa algo para a sua comunidade, para sua tribo. Quando você representa algo para sua tribo, seja como for que isso se apresente, acaba por moldar também sua identidade. A questão passa a ser menos a conquista e mais onde você se situa no grupo – você representar algo importante para o grupo.

O que te conecta é apenas você ser uma parte valiosa dessa tribo. Talvez isso fosse tudo o que eu queria. Isso é família. Isso é *'ohana*. No fim das contas, isso é conectividade.

## EMPREENDENDO COM OS PÉS DESCALÇOS

## Tudo está conectado

Os empreendedores e líderes empresariais mais esclarecidos e bem-sucedidos entendem que vivemos em um mundo costurado em um grau estonteante, por conta da aceleração da tecnologia e da hiperconectividade.

Cada aspecto de um negócio afeta todos os outros. O velho mundo dos silos – de departamentos que não falam ou colaboram entre si – é uma relíquia, um vestígio dos negócios do século XX.

As empresas modernas, desde a menor *startup* até a maior multinacional, operam em um mundo onde a inter-relação, a interdependência e a integração estão na ordem do dia – não apenas como um impulso de economia e eficiência para aumentar as margens o máximo possível e colher mais lucro, mas também para criar um negócio verdadeiramente notável. Os líderes empresariais realmente excelentes possuem um senso inato e intuitivo, e agem com uma aplicação feroz nesse sentido.

Como a empresa cria de forma conjunta com seus pares e parceiros; como colabora com outras pessoas do setor; como equilibra e calibra a governança regulatória, e tem o foco no produto numa cultura do cliente em primeiro lugar; como ela valoriza e cuida de cada raio de sua roda – sua gente, seu propósito, seus compromissos, suas ambições, seus deveres, tanto para com as comunidades imediatas das quais obtém apoio e recursos quanto para o mundo mais amplo no qual busca prosperar – essas coisas fazem a diferença entre o sucesso e o fracasso.

Aqui, Laird e Gabby exploram os meandros de seus negócios e como gerenciam os pagamentos e balanços de cada um deles em relação aos outros, à luz dos seus princípios e crenças.

## LAIRD

Para se lançar no mundo e estar totalmente engajado, ter clareza e ser o melhor – estar no mundo totalmente desimpedido –, você precisa que tudo esteja bem. Todas as peças precisam estar juntas. Tem de haver alguma harmonia acontecendo.

Não importa se o corpo é um indivíduo ou uma empresa. A mesma regra se aplica.

Eu já tentei dar o meu melhor quando estava desconectado. Eu sei como é. Eu sei como isso pode nos afetar – e às vezes nem é algo óbvio. Vem simplesmente de algum lugar invisível. E às vezes vem de coisas óbvias: eu não estou me dando bem com a minha família, minha esposa ou minhas filhas, e tem algo acontecendo e eu estou lá, e aquilo está na minha mente, e está me bloqueando de fazer o que é necessário. Às vezes, não é tão óbvio – às vezes simplesmente não estamos com tudo certo; não estamos bem estabelecidos, e acho que para mim, pessoalmente, sinto que tem um raio na roda que vai quebrar-se e fazê-la parar de girar com perfeição.

Tudo está conectado a todo o restante. Não adianta fingir que não. Assim é nos negócios, como na vida.

Quando um ou dois ou três dos raios dessa roda estão um pouco soltos ou um pouco apertados demais, há uma quebra na engrenagem. A rolagem não flui bem quando tudo está ligeiramente em desacordo com a estrutura. Nesse aspecto, sua vida profissional não é diferente da sua vida pessoal.

E esse descompasso pode ser criado ao menor desequilíbrio. Quando tudo está certo, você é então capaz de obter um bom desempenho – você está livre, você não está sobrecarregado, você não está bloqueado: você tem o potencial para ter um desempenho ideal. Nos negócios, o conceito de "Fit for Purpose" se aplica tanto aos diretores, gerentes, fundadores e proprietários quanto aos produtos ou serviços que eles estão vendendo.

Você não pode esperar obter o melhor das pessoas se não entender o que elas fazem todos os dias e respeitar isso.

Você não pode esperar ter a disponibilidade e a generosidade que a colaboração e a inovação precisam em uma área, mas não dar a mínima em outra, ser mesquinho ou indiferente aos impactos do que você está fazendo no planeta ou nas pessoas, ou no que for.

Os negócios que você dirige são fiéis a isso ou não são. Se os seus negócios têm algo tóxico no seu interior, ou se você está criando ou gerando coisas ruins ao ir atrás desses negócios, isso vai reduzir o seu desempenho. Isso vai sugar o sucesso.

E há muita indústria por aí ignorando esses sinais. Eles são grandes o suficiente para terem perdido a conexão com o que realmente importa.

É por isso que temos tanta indústria se esquivando do que faz no mundo. Tudo em nome do sucesso.

E vai ser difícil conciliar isso – e acho que o aspecto avassalador do nível de nossa destruição e do nosso abuso do meio ambiente significa que não somos os melhores.

O que fizemos a este planeta em que circulamos – os níveis aos quais chegamos e o volume deles – é industrial.

O que fizemos e ainda fazemos ao nosso meio ambiente, os impactos sobre ele em um nível industrial, em um nível tão massivo a cada trimestre? É algo pelo qual as empresas e as pessoas que as administram devem ser responsabilizadas.

Como é aquele ditado? "Que adianta ao homem ganhar o mundo inteiro, se perder a sua alma?"

Qual é o sentido? Uma pilha de dinheiro, ações, limites altos no cartão de crédito? Ou uma empresa maior?

Mas, você sabe, a maior parte do problema é: se você acha que já vai estar morto há muito tempo quando a água bater na bunda e só está interessado em si mesmo, suponho que você simplesmente não se importe.

Então, para mim, tanto nos negócios quanto na vida, tudo está conectado. Você só precisa se importar. Voltamos sempre ao cuidado. E compaixão. E uma liderança verdadeira. Há muita falsa liderança por aí nos negócios. Muita pose. Nada de cuidado. Nada de compaixão.

## GABBY

Meu papel nos negócios do Laird é o de uma consultora – alguém que entende de empreendedorismo e entende intimamente todos os aspectos do Laird. Porque isso significa que posso no Laird – conectar as coisas visíveis e invisíveis que talvez um agente ou gerente possa não conhecer.

Se eu apenas entendesse o Laird e não entendesse de empreendedorismo, seria muito mais difícil para as equipes de operações trabalharem com nós dois juntos – qualquer que fosse o negócio: superalimentos, vestuário ou a XPT. Suponho que cabe a mim entender a dinâmica dos negócios e o que faz cada um funcionar – e então aplicar da melhor maneira o que o Laird necessita.

A intimidade, a responsabilidade pela integridade são fundamentais.

Você tem que considerar a pessoa o tempo todo – e só porque é uma boa ideia, não significa que seja uma boa ideia para a pessoa; ou pode não ser a melhor das ideias, mas é uma ideia muito boa para a pessoa.

Suponho que o que ele esteja dizendo por meio da nossa parceria é: "Vou confiar em você porque você me mostrou que eu posso confiar".

Laird confia totalmente em mim para determinar as novas oportunidades. E eu sou responsável por ele estar de acordo com as coisas, por colocar a equipe certa em torno de algo. Sou responsável por manter as coisas autênticas e reais para ele.

Então, por exemplo, tínhamos um negócio que, na superfície, parecia muito bom. Tínhamos uns caras realmente confiáveis – mas eu sabia que estava me perdendo. Então eu trouxe James, um conselheiro nosso, porque eu sabia que havia algumas coisas novas rolando; alguns novos aspectos que eu sabia que deixaria passar.

Isso faz parte dessa função, certo? Alocar a equipe certa na hora certa?

Mas a capacidade de tomar a decisão, a decisão final, é minha responsabilidade.

Eu sou a pessoa que, no fim das contas, senta lá e diz: "Esta é a oportunidade; esses são os pontos positivos e negativos; esta é a quantidade de tempo que será exigida do Laird; isso é o que esperamos, o lado bom é esse – e é assim que isso se encaixa em todo o nosso sistema", e nesse ponto eu posso muito bem dizer: "Ok, no balanço geral, provavelmente não vale a pena investir nisso neste momento", e essa decisão é meio que feita unilateralmente por mim.

Essa é a confiança que ele tem.

Ele pode estar surfando, mas quando voltar, haverá um acordo fechado ou não – se não houver, não teremos desperdiçado a sua disponibilidade de tempo.

Portanto, minha função é muito diferente daquela de um agente ou gerente de negócios – por dois motivos, creio eu. Primeiro, por causa da compreensão íntima da pessoa; e segundo, por causa da compreensão do negócio. Laird pode entender se um acordo é certo para uma pessoa, ou se a economia vai fazer sentido – mas um patrocínio ou contrato de endosso, isso não é a praia dele.

E não estou interessada em receber um "sim" apenas para obter um impacto ou vantagem imediata. A vantagem que tenho é que posso dizer: "Laird, isso vai levar um pouco de tempo – não vai haver nenhuma vantagem para você imediatamente. Só que, apesar disso, no quadro geral, é importante."

Com muitos dos agentes, se as pessoas não são imediatamente valiosas para eles e para o que estão fazendo, às vezes nem retornam a ligação.

Nós tivemos isso. E depois que ouvi a vigésima pessoa me dizer: "Tentamos falar com você para isso e aquilo outro, mas não obtivemos resposta do seu agente" –, eu me cansei.

Você tem que retornar o contato das pessoas – mesmo que seja um "não". Você tem que tratar as pessoas profissionalmente, mesmo que seja um estudante universitário de 19 anos que deseja entrevistar Laird em seu podcast que tem 612 ouvintes. Eu direi: "Olá, Laird agradece o convite, mas ele está sem disponibilidade agora".

Porque eu acredito que, sejam grandes ou pequenos, você deve retornar o contato das pessoas e dar uma resposta. Sabe do que mais? Leva cinco minutos – e mesmo que seja "Olá, infelizmente não será possível neste momento" – pelo menos você está tratando-as com respeito.

Porque essas coisas voltam. Tudo o que vai, volta. Então você precisa ter certeza de que quando voltar, será bom. Porque tudo está conectado.

---

## Conecte os pontos

"Tudo está conectado" poderia ser visto como uma sinopse banal da vida e de como a conduzimos, mas para ser banal teria que ser uma verdade da qual todos estão amplamente cientes e ativamente engajados em aplicar na vida, ao ponto da repetição inconsciente, mas não estamos. Nem perto disso. Estamos nos fragmentando em mais e mais personas, fios, ambientes e comunidades, evitando velhas estruturas sólidas em favor da modernidade líquida. Isso se deve a uma série de coisas: à decadência e ao declínio naturais dos velhos sistemas de ordenação em que antes confiávamos (religião, hierarquias feudais, sistemas políticos e modelos econômicos); à cultura de gratificação imediata que coloca de lado as estruturas rígidas como sendo inconvenientes e obstrutivas; e ao fácil acesso a tecnologias, plataformas e sistemas que nos permitem passar por várias vidas sem o atrito de estruturas autoritárias para atrapalhar. Mas, na mente de Laird, o que se desenvolveu nesse vácuo hiperconectado é, em termos humanos, o tipo errado de conectividade. A tecnologia deve estar a serviço do ser humano, e não o contrário. É um suplemento à consciência – um acelerador e elevador dela, mas não uma representação.

Como aponta Laird, ainda estamos a 1 milhão de quilômetros de as tecnologias se tornarem "humanas". Chamá-las de humanas é lhes reivindicar senciência. Filtragem algorítmica, curadoria de dados e informações e o mimetismo dos mecanismos de resposta humana não são senciência. A gramática humana é algo que talvez as máquinas possam analisar, mas o sentimento e a senciência permanecem *desconhecidos* para os tecnólogos. Ser humano é nossa prerrogativa, e somente nossa.

A ideia de Laird de uma conectividade superprocessada não reside em um pedaço de código ou em um algoritmo, mas no brilhante caleidoscópio de interatividade que existe entre os indivíduos humanos – e nos fios genéticos vermelhos que nos ligam a todas as outras criaturas animadas no planeta – está nos sistemas que o nosso próprio organismo opera e como esses sistemas se inter-relacionam uns com os outros internamente e também, externamente, com o mundo ao nosso redor. Está em como nos engajamos de forma significativa em termos relacionais com nossos parentes e nossos filhos – e a conexão com a comunidade ao nosso redor e com o ambiente em que existimos coletivamente: e está na conexão irreprimível entre a nossa natureza humana coletiva e o capital natural do planeta do qual dependemos.

No mundo de Laird, a conectividade é um tecido primordial que a tecnologia apenas complementa, e de forma fraca. Para Laird, precisamos cuidar do material construído ao longo de centenas de milhares de gerações, não apenas décadas. Essa é a única maneira pela qual "ligamos os pontos" – pela qual podemos encontrar o **equilíbrio**. E, dessa forma, talvez seja a única maneira de podermos não apenas compreender o nosso lugar no mundo, mas também assegurá-lo e, assim, encontrar um sentimento de **pertencimento**. E nessas duas palavras encontramos nossos fios finais.

## EQUILÍBRIO

"Equilíbrio" é uma palavra muito carregada. Para alguns é o nirvana. Da mesma forma que para outros é pouco mais do que um truque de circo. Um exercício de linguagem lúdica, uma moda do *mindfulness*, um truque tântrico.

Mas, mesmo se olharmos para a ideia de equilíbrio de forma direta e cínica (em seu sentido mais puro) – através do olhar que exploramos e revelamos nas nossas conversas com o Laird –, veremos uma necessidade humana muito básica em termos físicos, emocionais, ambientais, mentais e espirituais. É a coisa mais distante de algum estado elevado. É na verdade um dos requisitos mais básicos para a sobrevivência. O equilíbrio é essencial, quer estejamos buscando pendurar a nossa rede humana entre a ciência e a espiritualidade, ou percorrer o caminho entre o caos e a ordem, ou ainda percorrer uma estrada entre a vida tecnológica e o ser analógico. E para isso devemos ter considerado a inter-relação e interdependência de todas as coisas.

## PERTENCIMENTO

"Por que estamos aqui? Qual é o nosso propósito? O que estamos fazendo? Qual é o sentido?" Essas questões existenciais humanas estão enraizadas em uma preocupação sobre o "não pertencer". "Será que eu deveria estar aqui? Será que eu mereço estar aqui? Será que eu tenho uma função?" Em um nível universal, são questões focadas não apenas no "*Por que* eu pertenço a este lugar?", mas também em "*De que forma* eu pertenço a este lugar?" Não é uma preocupação surpreendente. Pertencer é fundamental para nossa humanidade, para o nosso senso social de identidade e de como nossa natureza, ações e jeito de ser validam a nossa existência.

Para Laird, isso tem uma base muito simples. Para podermos sequer levantar essas questões – até mesmo nos concedermos um tempo para considerá-las –, temos que ter sobrevivido. Temos que ter encontrado uma maneira de recompensar nossos esforços com o luxo de um tempo para pensar sobre o que aconteceu, livres do perigo ou do medo da fome, da falta de moradia, da miséria, das enchentes, da pobreza, das doenças e da guerra. E isso só acontece por termos cumprido uma sucessão incansável de *ações*. A ironia é que, para sequer considerarmos as questões de pertencimento, já devemos estar comprometidos com isso. Precisamos ter o compromisso de participar da vida que está posta diante de nós – independentemente das questões e preocupações existenciais de ordem superior.

Pertencer, para Laird, é sobreviver com "adesivos". Uma sobrevivência com algumas estrelas douradas de reconhecimento por abraçar a vida da maneira mais humana possível. Pertencer é não apenas ter permanecido no jogo em nossa competição com a morte, mas fazê-lo sem perder o sentido do que nos torna humanos – sem perdermos o nosso brilho e nossa compaixão.


## ʻOHANA

No sistema de crenças havaiano, tudo está conectado na Unidade – o quarto nível de consciência – *ike papakauna*. Essa conexão vai desde o interior de cada pessoa até os cantos mais distantes do seu universo através dos cordões *akai*.

Um dos principais pontos da *ʻohana* é que ela nos torna irmaos e irmãs, sejamos parentes de sangue, experiência ou propósito. Todos, assim como tudo no mundo, estão conectados em suas jornadas. Os membros da família e amigos próximos estão ligados uns aos outros, bem como aos imortais, como o *ʻaumakua*, ou deus da família.

E em um mundo onde todo o tempo é agora, os membros do passado e do futuro da *ʻohana* compartilham o mesmo Universo.

A conexão entre o povo havaiano e o seu ambiente imediato, o mundo natural que habitam e o cosmos ao seu redor é absoluta.

Sua conexão com a terra é uma fonte de enorme orgulho e história – daí o nome *'keiki o ka'āina*, ou filhos da terra. Combine isso com a sua natureza conservacionista – tanto sobre respeitar o Universo e o mundo natural que veio antes deles quanto sobre como nutrir aquele que ainda está por vir – e, em seguida, estabeleça uma linha que vai da parte baixa para o meio e depois para a alma superior, e está formado o modelo da Unidade.

Imagine que a *'ohana* está no centro de uma grande esfera, e que o espaço dentro dessa esfera representa "todo o tempo".

Trace uma linha do ponto mais distante atrás da *'ohana* até o ponto mais distante à frente dela; isso marca o tempo do início ao fim. Em seguida, imagine círculos irradiando horizontalmente para fora da *'ohana*, conectando-a ao seu ambiente direto, à comunidade e aos limites do mundo natural e do cosmos. E então imagine uma linha subindo pelo meio da *'ohana* do ponto mais baixo da esfera até o ponto mais alto – e nessa linha estão mapeados os três níveis de consciência que conectam as almas inferior, média e superior.

Se começarmos a visualizar a *'ohana* no centro da Unidade dessa maneira, haverá uma completude nesta visão do ser, onde tudo está conectado: inter-relacionado, integrado e interdependente.

## UM EXERCÍCIO PARA CONECTAR OS PONTOS

Nos termos de *Liferider*, a maneira mais simples de ligar os pontos talvez seja olhar para os diferentes focos que exploramos e revelamos.

O comprometimento impulsiona o desempenho, que por sua vez fornece a comprovação, que leva à confiança; e a humildade desperta a compaixão, que por sua vez alimenta a reciprocidade – uma troca humana empática e solidária. E, através da reciprocidade, encontramos equilíbrio, e através da confiança encontramos pertencimento.

Portanto, encontrar maneiras de exercitar esses aspectos de nós mesmos é a chave para uma vida mais contente e compartilhada. Mas, novamente, a questão é: como podemos passar de uma teoria alardeada para um fato cotidiano – um conjunto de ações que podemos realizar onde quer que estejamos no mundo, e seja lá quem formos nós?

Laird tem um conjunto simples de exercícios para resolver essa questão a cada dia, independentemente de onde esteja ou do que estiver fazendo. Uma sequência de três ações simples para preparar o dia de forma unificada:

ESTIMULAR-SE. ABASTECER-SE. ABRIR-SE.

ESTIMULAR-SE tem como objetivo acionar os sensores externos e os sistemas internos do organismo, preparando-nos para nos engajarmos com o dia. Isso envolve temperatura. Ao final do banho quente, deixe a água fria. E fique ali. Conte até 120. Fique parado embaixo do chuveiro. Permita que seu corpo faça uma recalibragem – vá do choque do frio para uma sensação mais uniforme e aguçada, por dentro e por fora.

ABASTECER-SE é ajustar a sintonia por meio das primeiras coisas que você consome durante o dia. Para Laird, isso é inegociável. Café. Cremoso ou com leite, para equilibrar a dose de cafeína e uniformizar a liberação de energia. Depois ovos, talvez. Com torradas de centeio. Nada de pilhas de cereais mergulhados em hormônio de crescimento bovino – ou torrada de trigo – para inchar o corpo. Mantenha-o limpo.

ABRIR-SE tem a ver com compaixão – distribuir um pouco de amor em casa. Um beijo. Um abraço. Alguma demonstração física de sua conexão e compromisso com alguém que não seja você. Com seu filho, seu parceiro, seu amigo ou um animal de estimação da família. Toda e qualquer coisa que acenda e preencha o seu coração e boa. Isso desperta o seu eu sincero, recíproco e compassivo. Você está pronto para agir.

E ainda nem saiu de casa!

# EPÍLOGO: O MAR

> Se o mar estivesse sobre nós, talvez prestaríamos mais atenção nele.
>
> —Laird Hamilton

Começamos este livro no final, com a morte, e vamos terminá-lo no início: no lugar onde a vida começou.

No coração de Laird e no coração de *Liferider* reside uma verdade imutável, irreprimível e poderosa: uma verdade conectada tanto ao lugar de onde viemos quanto para aonde estamos indo enquanto espécie.

O mar.

Do nosso passado ao nosso futuro, os oceanos e mares do planeta em que evoluímos estão inscritos na nossa existência humana – biológica, fisiológica, física, emocional e, por fim, espiritualmente.

Do invisível e banal ao deslumbrante e notável, eles estão inter-relacionados e entrelaçados com todos os aspectos da nossa existência.

Nossos genes estão repletos de evidências de um grau de intimidade evolutiva com os mares que, mesmo agora, está apenas começando a ser revelado.

Desde o início da tradição oral e da narração de histórias, o mar desempenha um papel central no desenvolvimento de nossa psique, sendo venerado por filósofos, escritores, poetas, músicos e artistas.

Os oceanos colorem os mitos e lendas que formaram nossas culturas e civilizações; têm fornecido o conteúdo de aventura e heroísmo, e de escuridão e medo.

Eles são a nossa luz e escuridão, e existimos em sua dádiva.

EPÍLOGO: O MAR

Se não encontrarmos uma maneira de estabilizar – ou então reverter – o que está acontecendo em nossos oceanos, e de forma rápida, o perigo é ficarmos com o "planeta sem ondas" dos pesadelos de Laird – os mares caídos: moribundos, estagnados, sufocados e paralisados. Teremos que lidar com o fato de que efetivamente ajudamos a matar aquilo que amamos. E os homens do mar (*watermen*) como Laird terão que se conformar com suas memórias finalmente se tornando maiores do que seus sonhos, porque o futuro não terá mais as ondas, a conexão e a riqueza dos mares que antes alimentavam a sua imaginação.

## LAIRD

Vai ser difícil nos reconciliar depois do que fizemos e estamos fazendo aos mares.

Para consertar isso, teremos simplesmente que priorizar essa causa só por conta da dimensão e conectividade de tudo.

> Uma das lições da história do clima é que não há nenhum período conhecido na história da Terra em que a taxa de aumento do $CO_2$ atmosférico tenha sido tão grande quanto hoje em dia. Os seres humanos estão realizando um experimento global que envolve um nível sem precedentes de interferência sobre o sistema natural.
>
> —PETER WADHAMS,
> *A FAREWELL TO ICE*

Evoluímos a partir dos oceanos – da sopa primordial. Deveríamos estar mais conectados com eles.

Aproximadamente 70% do oxigênio da Terra é produzido pelo fitoplâncton, no mar – por organismos unicelulares. Eles fazem todo o trabalho pesado, mas todo mundo fica perguntando: "Bem, e a camada de ozônio, e o aquecimento global e a atmosfera?" E eu respondo que, sim, eles são importantes, mas a atmosfera e a camada de ozônio são importantes por outros motivos.

Esses organismos no mar absorvem algo em torno de 50% a 80% do carbono. Os oceanos absorvem mais da metade do carbono que os humanos emitem todos os anos. O oceano Antártico sozinho absorve cerca de 20% ou 25% das nossas emissões. Isso o torna uma peça muito importante no quebra-cabeça do clima global.

O oceano Antártico tem papel grandioso na maneira como os ecossistemas do nosso planeta se conectam e funcionam – como parte daquilo que mantém respirável o ar que respiramos. Então, esta é a questão: como podemos priorizar as coisas certas e agir?

Existem alguns projetos que considero interessantes. Tem um que conheci chamado Projeto Zero – em que eles começaram a tentar priorizar aquilo que é importante, porque muitas coisas não interessam se as outras não acontecerem.

É uma coisa da Terra – o oceano e a Terra são um. Tudo está conectado. É a Terra; é o clima; é o derretimento das calotas – tudo isso – cada pequena coisa está ligada ao oceano.

E vamos lutar para tentar garantir e proteger os poucos santuários restantes que sobraram nele.

E em um determinado momento, se buscamos exercer alguma forma de controle significativo, será necessário um exército para defender o oceano – vai requerer uma entrada na esfera militar.

Vamos disparar foguetes e bombas para proteger o que acreditamos ser precioso. Que tal o oceano, a coisa mais preciosa que temos?

Sendo realista, para impedir a caça às barbatanas de tubarões e às baleias, a pesca ilegal em massa e, depois disso, de toda a poluição em massa causada, precisaremos nos militarizar.

Mas esse é apenas um lado da questão.

Porque mesmo com tudo isso sendo dito, e mesmo com um sistema de proteção oceânica militarizado, ainda temos as temperaturas subindo por causa do aquecimento global, e os níveis da água estão subindo com elas. Teremos sorte se conseguirmos nos concentrar em tentar preservar algumas das espécies marítimas que sobraram.

Não digo que perdi a esperança, porque nunca abro mão dela, só que meu desespero chega a um ponto em que o melhor que posso fazer é lembrar as pessoas de se maravilharem com o oceano – e com isso também fazê-las tomar partido, se importarem –, pois sabemos que, se você não se importa, você não age.

E aqui precisamos de conhecimento. De informação. Muito mais informação.

Como você pode proteger algo que desconhece? Exploramos apenas 3% do oceano, ou algum número maluco, mas já matamos 90% dos peixes.

Sinto que todos podem desempenhar um papel, por menor que seja, na criação da importante mudança de que precisamos; deixar de usar algumas sacolas plásticas e de beber em canudos plásticos não vai resolver.

Quando eu fui para o Golfo e sobrevoei o lugar depois daquele derramamento de óleo gigantesco, foi algo devastador. Não deveríamos estar perfurando o núcleo do planeta até 1,5 quilômetro abaixo do fundo do mar – o que estamos fazendo? O volume de destruição e contaminação e a escala disso são as partes difíceis de entender.

Não são apenas os mares: são todos os rios que neles deságuam e o que permitimos que se despeje nesses rios vindo das indústrias em suas margens.

Então, tudo o que posso fazer é ajudar a trazer as pessoas para perto do mar.

Trazê-las para estarem nele, cuidarem dele. Dessa forma, participando e se envolvendo com ele; ao menos esse é o começo de algum entendimento.

Então a compreensão leva à priorização do que é importante e, em seguida, ao apoio e a ações relacionadas a essas questões.

Mas essas são questões graves. Existem pessoas trabalhando em determinados aspectos. Por exemplo, há pesquisas em andamento com o objetivo de criar corais que possam viver em águas mais quentes, mas vamos apenas continuar polinizando o oceano com corais? Eu tenho esperança, mas estas são situações de grande dimensão.

E essa dimensão exige que todos se unam para agir em uníssono. Quanto mais continuarmos a alimentar a desavença, mais tempo levaremos para que todos concordem em fazer qualquer coisa. Dessa forma, os céticos estão destruindo a ação.

Sejamos claros aqui.

Se você quer entender a situação dos corais, precisa entender a situação do oceano; e para descobrir isso, você tem que descobrir como não deixar o planeta esquentar – é mais ou menos isso.

Se você está realmente preocupado com o oceano, o que vai ajudar de verdade é descobrir como esfriar o planeta – porque o calor do planeta vai aquecer a água e vai matar todos os corais.

Então descubra como se pode esfriar o planeta. De maneira significativa. E deve haver algum regramento rígido e eficiente.

Em primeiro lugar, ninguém deveria ser autorizado a matar qualquer mamífero marinho. Ponto. Comece no topo e então podemos prosseguir daí.

Temos o Sea Shepherd e alguns outros grupos tentando encontrar respostas – mas isso é um assunto de nível governamental. ONGs e grupos militantes não são a alavanca. É uma questão política.

Para impor essa mudança, em certo momento, vamos precisar reconhecer e aplicar um status geopolítico formalizado. O oceano precisa ser um país, precisa ter uma bandeira – e precisa de um exército.

Precisamos de forças leves e pesadas trabalhando nisso.

Precisamos de proibições. "Não vá até lá. Não faça isso ou haverá consequências." Força pesada que possa entrar em ação.

E precisamos da força leve. Precisamos de aceitação, compreensão e compaixão. Precisamos entender como tudo está conectado entre si, e como estamos conectados ao todo. Fazemos parte disso.

> O Pacífico não é de forma alguma uma extensão sem terra e desabitada. É cravejado de 25 mil ilhas, grandes e pequenas, cada uma com sua própria história de pessoas e animais. Suas narrativas cruzam o oceano em uma teia bordada, reunidas em linhas invisíveis de conexão, da costa à ilha e ao mar, atravessadas em antigas façanhas de navegação e migração que envergonham os nossos modernos esforços auxiliados por computadores. Foi aqui que as viagens mais remotas se encerraram; e foi aqui também que muitas se iniciaram.
>
> —PHILIP HOARE,
> *THE SEA INSIDE*

Mas eu, Laird Hamilton, sozinho? Não consigo apoiar instituições de caridade o suficiente e fazer o que precisa ser feito, mas gosto quando sou questionado.

Alguém queria que eu fosse falar com a ONU a esse respeito. As pessoas estão começando a notar, estão começando a se importar, mas para alguns destes problemas já é um pouco tarde – e a cada dia as coisas estão ficando mais complicadas e difíceis de resolver.

A Grande Porção de Lixo do Pacífico é realmente complicada, porque tem tanto material biológico envolvido nela que fica quase impossível tomar qualquer medida de forma simples.

Mas temos tecnologias incríveis e uma capacidade surpreendente de inovar – e temos algumas pessoas muito inteligentes no mundo. Será extremamente produtivo se conseguirmos fazer com que elas se concentrem nesse tema.

Mas precisamos ajudar as pessoas nessa jornada. Você pode ter todo o brilho e tecnologia do mundo, mas se chegarmos ao ponto de um país sobreviver ou não – pessoas comerem ou não –, eles pegarão o que acham que necessitam e farão o que acham que precisam.

Se eu não tenho o que comer? Ou estou lutando para sobreviver? Por favor, nem venha me falar sobre o bem-estar do oceano. Estou cuidando de mim, certo?

Mas não se trata apenas das necessidades básicas e da política de tornar isso razoavelmente disponível para as pessoas. Essas coisas estão sendo impulsionadas pelo consumo. Estamos falando de pessoas apenas querendo coisas. Interminavelmente. Trata-se de consumir luxos muito além de nossas necessidades básicas de comida, calor e abrigo.

A humanidade precisa se decidir. E as pessoas no topo devem ajudar a humanidade a fazer isso.

Afinal, o cerne é a sobrevivência dos nossos interesses individuais? Ou é a sobrevivência dos oceanos?

A história nos diz que sempre escolheremos a nossa própria sobrevivência. No entanto, precisamos parar, de alguma forma, de utilizar a nossa resposta reflexa. Porque a sobrevivência da espécie deve superar o individual, correto? E não iremos a lugar nenhum como espécie se não resolvermos esse dilema.

```
Devemos deixar de lado o ganho nacional
de curto prazo para evitar uma catástrofe
global de longo prazo. Conservar nossos
oceanos e usá-los de forma sustentável é
preservar a própria vida.
```

—António Guterres,
Secretário-geral da Organização das Nações Unidas

Precisamos ajudar as pessoas a não serem colocadas em uma posição em que tenham que escolher – em ter que ser convencidas do ponto de vista racional. Quando somos deixados a escolher por conta própria, nem sempre tomamos a melhor decisão. Existe apenas uma escolha real para nós.

Cuidar é tudo. E se não o fizermos, quem o fará?

> Isso lhe dá grandes recompensas – por conta da sua dedicação. Uma vez alguém me contou uma história. Eles viram Laird em Point Dume [um lugar de surfe em Malibu] e ele estava surfando.
> Eles viram um bando de golfinhos perto dele, e Laird pegou sua aliança de casamento e bateu na prancha de surfe – e então uma onda veio e o levou, ele se levantou e todo o grupo de golfinhos ficou pulando ao seu redor, bem próximos, perto da sua cabeça. Isso é uma coisa realmente profunda. Para Laird, esses são presentes.
>
> −Gabby Reece

Isso nos traz de volta àquilo que falamos – sobre sermos terráqueos. Nós somos. A Terra somos nós. Precisamos nos preocupar com essas coisas porque elas estão conectadas. Tudo está conectado.

E se perdermos a capacidade de fazer parte disso – se perdermos a capacidade de nos conectarmos com tudo o que a natureza tem para nos oferecer e com tudo que a natureza colocou dentro de nós –, se perdermos a capacidade de nos conectarmos com a vida que te-mos – comprometer-nos com ela de corpo, alma e coração –, não serão apenas os oceanos que irão sofrer. Tudo sofre, certo?

Estamos numa competição com a morte. E a morte vencerá no final, não é mesmo? Então vamos fazer o tempo que nos resta valer a pena. Eu acredito que é para isso que estamos aqui. Para viver a vida mais plena. Para sentir tudo, cada dom que a condição de seres humanos nos traz. Para fazer tudo o que podemos fazer, para sentir tudo o que podemos sentir. Se pudermos fazer isso, então teremos vivido. Isso é a vida.

# AGRADECIMENTOS

## Laird Hamilton

Gostaria de agradecer a Julian por seu trabalho incansável e sua abordagem investigativa do material; William Cawley por ser uma fonte constante de ideias, criatividade e apoio; Jennifer Cawley por sua bela arte e a habilidade de me levar a fazer qualquer coisa e eu mal notar. Agradeço a Gabby por seu amor e apoio contínuos e por ser uma ótima parceira nesta jornada; a Bela, Reece e Brody, a quem amo e adoro e que são minhas maiores professoras (além do oceano).

## Julian Borra

Com os maiores agradecimentos e apreço pela inspiração, paciência e visão de Laird e Gabby Reece, que me permitiram entrar em suas vidas e em sua casa para encarar essa empreitada; pelas contribuições pessoais e reminiscências de Coppin Colburn, Terry Chung, Randall Wallace e Kelly Starrett; pela parceria, colaboração e contribuições criativas de William e Jennifer Cawley nos "momentos de dúvida"; pelo rigor de pesquisa de Katerina Cerna em dar sentido às minhas divagações; para a visão de leitora de Vivienne Parry OBE, Kelly Myer, Randall Wallace e doutor Andy Saulter. E, por fim, o maior reconhecimento deve ir ao Sol e à Lua da minha vida, Louis e Livia, por cujo despertar e anoitecer eu navego nesta vida.

# OUTROS TÍTULOS PUBLICADOS PELA EDITORA GAIA

ARPOADOR SURF CLUB
Tito Rosemberg

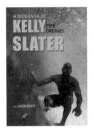

A BIOGRAFIA DE KELLY SLATER
Pipe Dreams
Kelly Slater e Jason Borte

BUSCANDO O SEU 100%
Uma Vida de Vitórias e
Aprendizados do Bicampeão
Mundial de Surf
Teco Padaratz

O CÓDIGO DO SURFISTA
12 Lições Simples para
Surfar a Vida
Shaun Thomson e
Patrick Moser

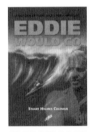

EDDIE WOULD GO
A História de Eddie Aikau,
Herói Havaiano
Stuart Holmes Coleman

A HISTÓRIA DA RIP CURL
50 Anos de Altas Ondas,
Negócios Internacionais,
Personagens Radicais e a
Busca pela Onda Perfeita
Tim Baker

KELLY SLATER
Pelo Amor
Kelly Slater e Phil Jarratt

MERGULHADOR EM PERIGO
Acidentes de Mergulho no
Mundo Real e como Evitá-los
Michael R. Ange

HISTÓRIAS DO MAR
Coletânea de novas histórias do
National Maritime Museum
Diversos autores

SURFE POR SUA VIDA
Edição para a Garotada
Mick Fanning e Tim Baker

TAIU
Na onda do Espírito
Taiu Bueno

NATAÇÃO
Um guia ilustrado de
aperfeiçoamento de técnicas
e treinamento para nadadores
de todos os níveis
Steve Tarpinian